YAN PEI-MING

PITTORE DI STORIE
PAINTING HISTORIES

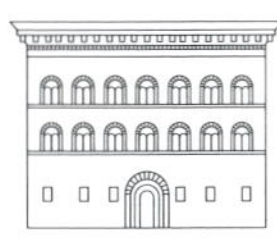

Fondazione
Palazzo
Strozzi

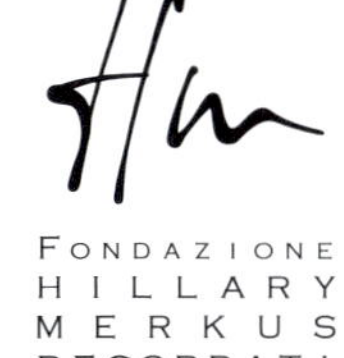

Fondazione
Hillary
Merkus
Recordati

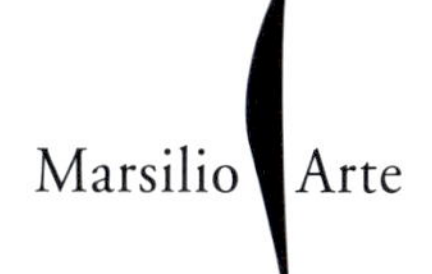

Marsilio Arte

YAN PEI-MING
PITTORE DI STORIE / PAINTING HISTORIES

Palazzo Strozzi, Firenze / Florence
7 luglio / July - **3 settembre** / September **2023**

A cura di / *Curated by* **Arturo Galansino**

Promossa e organizzata da
Promoted and organized by

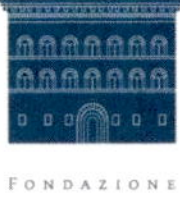
FONDAZIONE PALAZZO STROZZI

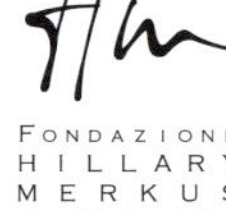
FONDAZIONE HILLARY MERKUS RECORDATI

nell'ambito del progetto / *within the project*
"Palazzo Strozzi Future Art"

Main Supporter

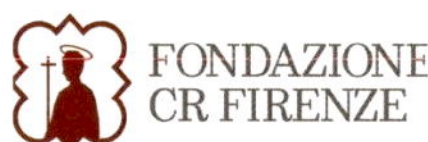

Sostenitori / *Supporters*

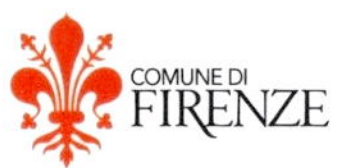

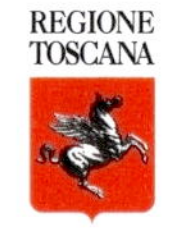

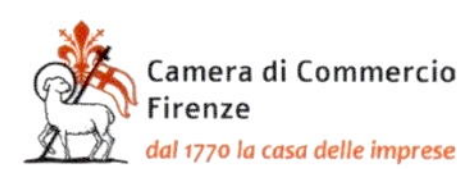

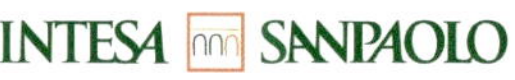

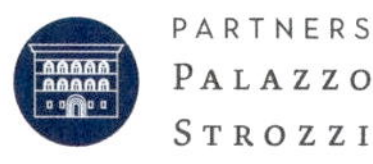

Con il contributo di / *With the support of*

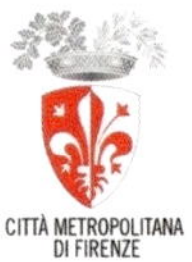
CITTÀ METROPOLITANA DI FIRENZE

Si ringraziano / *Thanks to*

MASSIMODECARLO

Thaddaeus Ropac
London Paris Salzburg Seoul

Sponsor

unicoopfirenze

Partner tecnici / *Technical partners*

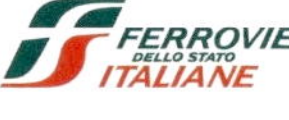

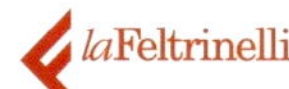

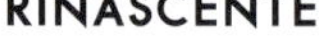

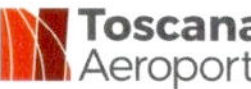

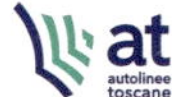

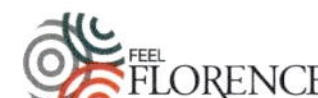

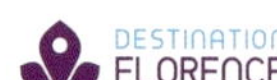

MOSTRA / EXHIBITION

Progetto di allestimento
Exhibition layout
Luigi Cupellini
con la collaborazione di
in collaboration with
Carlo Pellegrini

Supporto alla progettazione e logistica spazi / *Design support and logistics*
Margherita Pelosi

Realizzazione dell'allestimento
Exhibition design
Carmagnini s.n.c.
ERCO
Galli Allestimenti
Nenci&Scarti s.n.c.
Soc. E. Palchetti & C. s.r.l.
Stampa in Stampa s.r.l.
Vannetti Andrea s.r.l.

Assicurazioni / *Insurance*
AON
ARTE Generali
Liberty Specialty Markets Europe s.à.r.l.

Trasporti e allestimento
Transport and installation
Arterìa

Progetto grafico mostra e comunicazione
Exhibition graphics and communication design
RovaiWeber design

Testi esplicativi in mostra
Exhibition texts
Ludovica Sebregondi

Traduzione testi esplicativi in mostra
Translation of the exhibition text
Cristina Popple
(italiano-inglese / Italian - English**)**

Comunicazione e promozione
Communication and promotion
Susanna Holm
CSC Sigma

Ufficio stampa internazionale
International press office
Sutton PR

Fotografi / *Photographers*
Elzbieta Bialkowska, OKNO Studio
Gianmarco Rescigno

Produzioni video / *Video productions*
The Factory Prd

Digital Marketing
Vertical Media

Coordinamento tecnologie
Technological coordination
Matteo Lotti Margotti

Segreteria prenotazioni mostra e visite didattiche / *Exhibition reservations office and educational tours*
CSC Sigma

Supporto attività educative
Support for educational activities
Nicoletta Salvi
Azzurra Simoncini

Tirocinante / *Internship*
Lucia Scartoni
Desideria Zappoli

Personale mostra e biglietteria
Exhibition and box office staff
TML Service s.r.l.

Biglietteria multicanale
Multichannel box office
Vivaticket s.p.a.

Responsabile della sicurezza DM569
Head of security DM569
Ulderigo Frusi

Responsabile del servizio prevenzione e protezione / *Head of prevention and protection*
Valentina Zugheri

Assistenza e manutenzione impianti elettrici / *Electrical system*
Bagnoli s.r.l.

Assistenza e manutenzione impianti d'allarme / *Alarm system*
Professional Security s.r.l.

Assistenza e manutenzione impianti di condizionamento
Air conditioning system
Soc. E. Palchetti & C. s.r.l.

Servizio pulizia sale / *Cleaning service*
COOPLAT

Opificio delle Pietre Dure
Emanuela Daffra (*Soprintendente ad interim* / *Interim Superintendent*)
Laboratorio climatologia e conservazione preventiva / *Department of preventive conservation*
Monica Galeotti (*Direttrice* / *Director*)
Sandra Cassi (*Assistente* / *Assistant*)
Servizio di consulenza ai settori di restauro per la conservazione delle opere d'arte contemporanea
Office of technical consultation for the restoration of contemporary artworks
Settore materiali cartacei e membranacei / *Paper and parchment documents department*
Renata Pintus (*Direttrice* / *Director*)
Settore dipinti su tela e tavola / *Paintings on canvas and wood department*
Emanuela Daffra (*Direttrice* / *Director*)
Condition reports
Alessandra Ramat
(*coordinamento* / *coordination*)
Sara Bassi, Francesca Bettini, Gabriele Coccolini, Livia Gordini, Arianna Ingrassia, Maria Luisa Reginella, Luciano Ricciardi, Oriana Sartiani, Chiara Sforzi, Alessandro Sidoti, Caterina Toso

RINGRAZIAMENTI / ACKNOWLEDGMENTS

La realizzazione di questa mostra si deve al contributo dei molti che a vario titolo hanno offerto la loro generosa collaborazione. A tutti loro, e in particolare a Yan Pei-Ming, va la riconoscenza della Fondazione Palazzo Strozzi. Grazie anche allo studio dell'artista per la disponibilità e professionalità dimostrate nell'organizzazione della mostra.
Si ringrazia inoltre Flavio Del Monte per il fondamentale lavoro per la riuscita del progetto.
This exhibition was made possible by the work of many people who generously contributed to this endeavor in a variety of ways. To all of them, and especially to Yan Pei-Ming, goes the gratitude of Fondazione Palazzo Strozzi. We would also like to thank Yan Pei-Ming's studio for their assistance and competence in organizing this show.
We also thank Flavio Del Monte for his contribution, which was essential for the success of this project.

Un profondo ringraziamento alla Fondazione Hillary Merkus Recordati e al presidente Andy Bianchedi per il generoso supporto alla realizzazione del progetto.
Our heartfelt thanks to Fondazione Hillary Merkus Recordati and its president, Andy Bianchedi, for generously supporting this project.

Si ringraziano in modo sentito Ms Jacqueline Hu, Mrs Maria Ming e Mr Hu Chengwei per il generoso sostegno all'inaugurazione della mostra.
Our sincerest thanks to Ms Jacqueline Hu, Mrs Maria Ming, and Mr Hu Chengwei for their generous support to the inauguration of this show.

Yan Pei-Ming desidera ringraziare sentitamente tutto lo staff di Palazzo Strozzi, l'équipe della galleria MASSIMODECARLO (Ludovica Barbieri, Flavio Del Monte, Laura Ravelli, Cristina Righi, Chiara Turconi) e l'équipe della galleria Thaddaeus Ropac, nello specifico Séverine Waelchli. Yan Pei-Ming ringrazia in particolare Massimo De Carlo e Thaddaeus Ropac.
Yan Pei-Ming è particolarmente grato a quanti sono coinvolti nella gestione del suo studio: Jiang Bian, Sophie Bouchard-Stech, Masahiro Handa, Lin He, Béatrice Yan, Pei-Qing Yan, Sarah Ning Yan.
Ringrazia inoltre Morgane Abrial, Alice Aurand, Marie Clérin, Mickaël Dulion, Lucas Jacquet, Elliott Lambert, André Morin, Shensheng Wang per la loro collaborazione.
Yan Pei-Ming desidera ringraziare infine i prestatori delle opere esposte in questa mostra.
Yan Pei-Ming wishes to extend his warmest thanks to the entire staff of Palazzo Strozzi, to the team at the MASSIMODECARLO gallery (Ludovica Barbieri, Flavio Del Monte, Laura Ravelli, Cristina Righi, Chiara Turconi), and to the team at the Thaddaeus Ropac gallery, especially Séverine Waelchli.
Yan Pei-Ming is particularly grateful to Massimo De Carlo and Thaddaeus Ropac.
Yan Pei-Ming is also extremely grateful to those who are involved in the running of his studio: Jiang Bian, Sophie Bouchard-Stech, Masahiro Handa, Lin He, Béatrice Yan, Pei-Qing Yan, and Sarah Ning Yan.
He further thanks Morgane Abrial, Alice Aurand, Marie Clérin, Mickaël Dulion, Lucas Jacquet, Elliott Lambert, André Morin, and Shensheng Wang for their cooperation.
Finally, Yan Pei-Ming wishes to thank those who have lent works from their collections to this exhibition.

Si ringraziano i Patron di Palazzo Strozzi per il sostegno alle attività della Fondazione Palazzo Strozzi / Thanks to Palazzo Strozzi's Patrons for supporting the activities of Fondazione Palazzo Strozzi:
Cecilia Adorni Braccesi, Andrea Alibrandi, Giuseppe Alleruzzo, Valentina Artini, Giovanna Asso, Silvia Asso Bufalini, Riccardo Bacarelli, Raoul Bajaj, Elisa Beatrice Bardazzi, Fabio Bechelli, Giovanni Belloni, Novella Benini, Vincenzo Bertucci, Gherardo e / and **Allegra Biagioni, Alberto Bianchi, Francesca Bignami, Luca Bisori, Laura Boncompagni Ludovisi Mazzuoli, Alatia Bradley Bach, Prahlad Bubbar, Carlo Cangioli, Sigifredo di Canossa, Fabrizio Caprotti, Roberto Casamonti, Donatella Cavallina Semplici, Gastone e** / and **Maria Teresa Chelini, Stefania Chipa, Massimiliano Colacicchi, Marco Del Panta Ridolfi, Joshua Dick, Zelal Elbistan, Moreschina Raffaella Fabbricotti, Carlo Felice e** / and **Giuliana Ferrari Ferrarini, Tommaso Ficari, Teresa Fichera Becagli, Morgan Fiumi, Terry Marion Fiumi, Youmna Raad Fontana, Gregorio Fornaciai, Enrico Frascione, Paolo Fresco, Vittorio Gaddi, Alessandra e** / and **Enrico Gatti, Arianne Geiger de Planta, Carlo Gentili, Lorenzo Ghetti, Lionardo Ginori Lisci, Ginevra Giovannoni, Claudio Girardi, Giuseppina Letizia Girardi, Vittoria Gondi, Eric Goulder, Luziah Hennessy, Patrick Hoffer, Dilek Kemer, Damiano Lapiccirella, Roberto Lombardi, Lorenzo Lori, Gaetano Maccaferri, Niccolò Manetti, Marco Mantellassi, Donato Massaro, Caterina de' Medici, Jacopo Morelli, Raffaello Napoleone, Francesca Nardi, Carlo e** / and **Rosella Nesi, Niccolò e** / and **Stefania Nesi, Susanna Orlando, Marco Paletta, Maria Papadaki Badanjak, Clarice Pecori Giraldi, Doris Pietrek, Leonardo Pinzauti, Maurizio Rigillo, Giovanni Rimbotti, Eriberto Rosso, Laura Santobelli, Monica Sarti, Eduardo Secci, Giulio Zambeletti, Silvio Zuccarini.**

Lighting partner

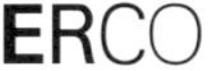

Andy Bianchedi

Presidente / President
Fondazione Hillary Merkus Recordati

Con la mostra *Yan Pei-Ming. Pittore di storie* continua il virtuoso percorso di partnership tra la Fondazione Palazzo Strozzi e la Fondazione Hillary Merkus Recordati all'interno del programma Palazzo Strozzi Future Art. Se progetti come *JR. La Ferita*, *Alter Eva* e *Let's Get Digital!* si sono contraddistinti per una forte spinta sull'innovazione e sul coinvolgimento del pubblico tra la facciata, la Strozzina e il cortile di Palazzo Strozzi, questa esposizione si pone come un nuovo capitolo della collaborazione con un evento che coinvolge i grandi spazi del Piano Nobile. L'esposizione diviene occasione per celebrare un artista che nella sua carriera ha sempre portato avanti un valore fondamentale pienamente affine all'attività della Fondazione che rappresento: vivere il presente. La storia e le storie protagoniste delle opere di Yan Pei-Ming si manifestano nei suoi incontri personali e fortemente intrecciati con la storia, personale e ufficiale, dell'arte e della cultura visiva tra Oriente e Occidente. Ed è proprio su questa base che egli stesso si definisce come un pittore del nostro tempo.

La sua pratica artistica utilizza infatti un medium tradizionale come la pittura per ripensare il rapporto tra passato e contemporaneità, memoria e presente. Attraverso una tecnica che fa eco all'acquarello cinese, ma anche alla classica pittura europea a olio, Yan Pei-Ming si presenta a noi come un artista immaginifico e coraggioso che impone a chiunque si avvicini al suo talento di rispecchiarsi in un'irreversibile sintesi tra ieri e oggi.

Ogni sua opera, ogni suo segno invitano, anzi obbligano a pensare e ripensare immagini e contenuti spesso familiari in un salto temporale infinito e in una profonda potenza visuale ed emotiva.

The exhibition *Yan Pei-Ming. Painting Histories* represents the continuation of the partnership between Fondazione Palazzo Strozzi and Fondazione Hillary Merkus Recordati, and is part of the Palazzo Strozzi Future Art program. Where projects such as *JR. La Ferita*, *Alter Eva*, and *Let's Get Digital!* were marked by a strong focus on innovation and the engagement of the public, involving the façade, the Strozzina, and the courtyard of Palazzo Strozzi, this exhibition occupies the vast rooms of the Piano Nobile, representing a new chapter in our partnership.

Our show thus becomes an occasion to celebrate an artist who throughout his career has always upheld a fundamental value which is fully in line with the work of the Foundation I represent: living in the present. The history and the stories depicted in Yan Pei-Ming's works are inspired by his personal encounters and intertwined with history – his own, personal history, as well as our collective history – of art and of the visual culture of the East and West. It is based on this that he defines himself a painter of our times. He employs a traditional medium such as painting to rethink the relationship between the past and contemporaneity, between memory and the present.

Using a technique that evokes both Chinese watercolor painting and classic European oil painting, Yan Pei-Ming is an imaginative and courageous artist who forces those who observe his work to see themselves reflected in an irreversible synthesis of past and present. Every painting and every brushstroke invite us, or rather force us, to reflect upon images and topics which are often familiar across an infinite timespan and possess great visual and emotional power.

Giuseppe Morbidelli

Presidente / President
Fondazione Palazzo Strozzi

La Fondazione Palazzo Strozzi è da molti anni attenta alla contemporaneità, tanto da averne fatto un tratto distintivo, sempre peraltro in dialettica con la grande arte dei maestri del passato: la mostra *Yan Pei-Ming. Pittore di storie* unisce queste due diverse vocazioni.
L'artista, che è nato in Cina e vive in Francia da oltre quarant'anni, esplora infatti i generi "classici" della pittura occidentale – ritratto, autoritratto, paesaggio, natura morta, *vanitas*, pittura di storia – ma li rielabora e aggiorna attraverso pennellate forti, quasi fendenti con cui aggredisce la tela e invita a riflettere sulla contraddizione tra realtà e rappresentazione, ovvero tra verità e costruzione delle immagini, temi sempre più centrali nell'era della riproduzione e della condivisione digitale del mondo reale in tutte le sue infinite versioni fino a quella della vita privata. I suoi dipinti prendono infatti forma da immagini estrapolate da fonti diverse, come ritratti fotografici, copertine di giornali, celebri opere d'arte, che Yan Pei-Ming reinterpreta leggendole con la lente della contemporaneità.
Attualizza e ripensa anche la tradizionale pittura di storia ottocentesca, ma Yan Pei-Ming è pittore di storia e di storie: "pittore di storia" quando interpreta momenti iconici del passato persino recente, ma anche "pittore di storie" personali.
L'essere cresciuto fino all'età di vent'anni in Cina, dove ha vissuto la Rivoluzione e le successive aperture di Deng Xiaoping, nonché l'attrazione per la Francia e la formazione a Digione e a Parigi gli consentono di ibridare nel suo lavoro Oriente e Occidente: segue modelli iconografici della cultura visiva occidentale, ma non tralascia soggetti che rimandano alla Cina, come le figure della tigre e del dragone. Afferma infatti: «Presumo di essere un artista cinese ed europeo, ma sono prima di tutto un artista».
Le sue opere, la loro forza espressiva e i loro formati monumentali in cui lo spettatore sembra poter "entrare", sono caratterizzate da immagini che, a distanza ravvicinata, assumono sostanzialmente il carattere dell'astrattezza in quanto macchie di colore che si intrecciano e sovrappongono, acquisendo nitidezza solo da lontano.
La stessa nitidezza che si può percepire per avvenimenti del passato, i quali necessitano di un distacco cronologico per essere compresi e analizzati.
Infine, la Fondazione non può mancare di mettere in luce che l'esposizione curata da Arturo Galansino, Direttore generale della Fondazione Palazzo Strozzi, si colloca nell'ambito del progetto Palazzo Strozzi Future Art, programma nato dalla collaborazione con la Fondazione Hillary Merkus Recordati.

For many years now, Fondazione Palazzo Strozzi has been mindful of the contemporary art world, so much so that it has become a distinctive trait, while at the same time preserving a dialog with the works of the great masters of the past. This exhibition – *Yan Pei-Ming. Painting Histories* – brings together both vocations.
Yan Pei-Ming, who was born in China and has lived in France for over forty years, explores the "classic" genres of Western painting – portrait, self-portrait, landscape, still life, *vanitas*, history painting – reworking and updating them with his powerful brushstrokes, seemingly striking, attacking the canvas, inviting us to reflect upon the juxtaposition of reality and representation, or rather of truth and of the creation of images, themes that have become increasingly central in the era of the digital reproduction and sharing of the real world in its infinite declinations, including the private sphere. His paintings draw upon images derived from a number of different sources: photo portraits, magazine covers, and famous works of art, which Yan Pei-Ming reinterprets in a contemporary key.
He even modernizes and rethinks traditional 19th century history painting, and yet Yan Pei-Ming is a painter of history and of stories: a "painter of history" when he interprets historical events of our recent and less recent past, but also a "painter of [personal] stories."
His life in China until the age of twenty, where he experienced the Cultural Revolution as well as Deng Xiaoping's brief attempt at liberalization, combined with his later sympathy for France and his studies in Dijon and Paris, have made it possible for him to hybridize the East and the West in his work, following the iconographic models of Western visual culture and yet including subjects that are evocative of China, such as the tiger and the dragon. In his words, "I assume I am both a Chinese and a European artist, but I am first of all an artist."
With their expressive power and their monumental size, so large the viewer could almost "enter" them, his works feature images that close up become fundamentally abstract, composed as they are by intertwined and overlapping patches of color that acquire clarity only when viewed from a distance. This is the same clarity with which we may perceive past events, which require some time to have elapsed in order to be understood and analyzed.
Finally, the Fondazione would like to underline here that this exhibition, curated by Arturo Galansino, Director General of Fondazione Palazzo Strozzi, is part of the project Palazzo Strozzi Future Art, a program that stems from a cooperation with Fondazione Hillary Merkus Recordati.

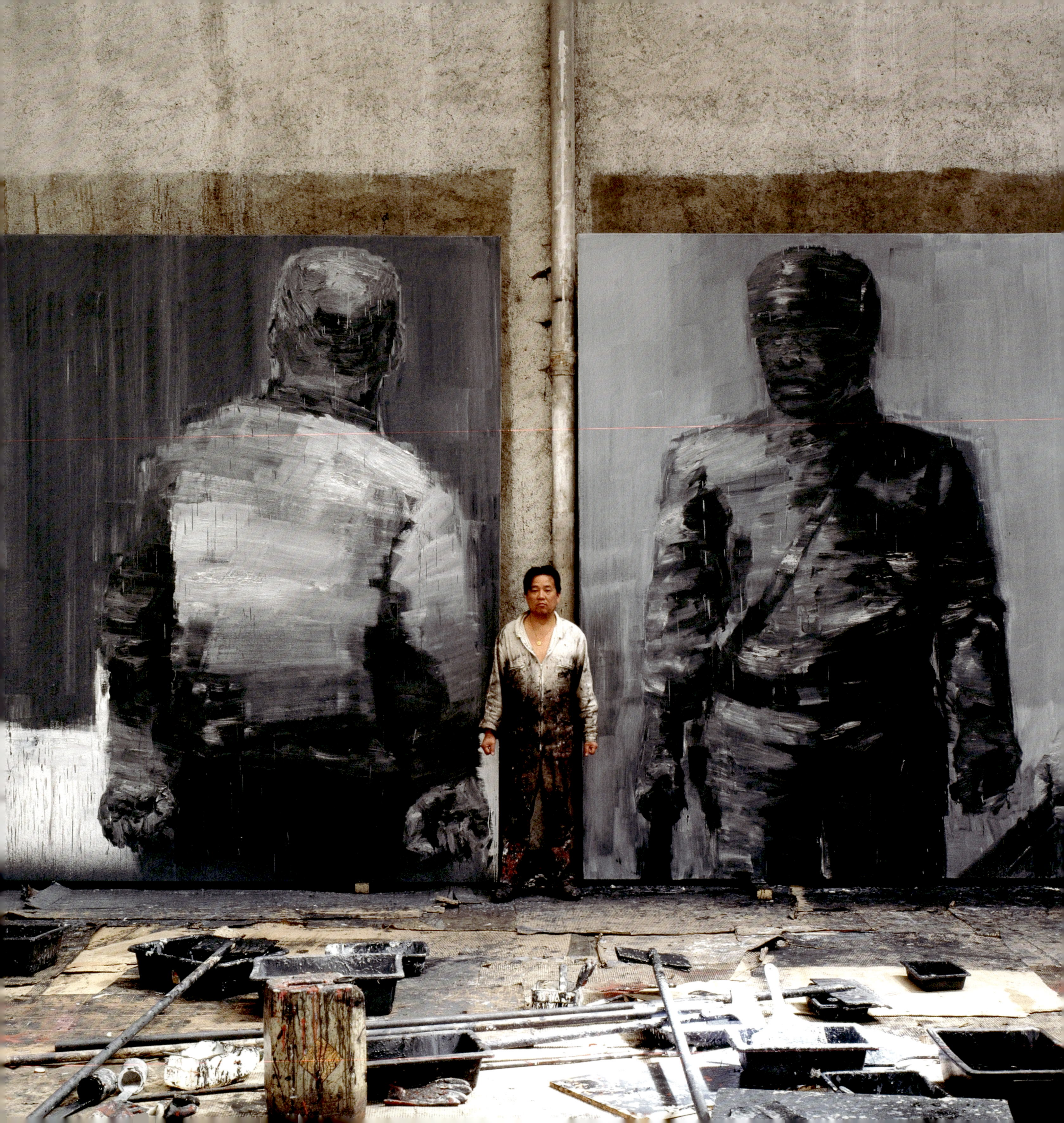

INDICE
CONTENTS

PITTORE DI STORIE
PAINTING HISTORIES

testi di / texts by
Ludovica Sebregondi

APPARATI
APPENDIX

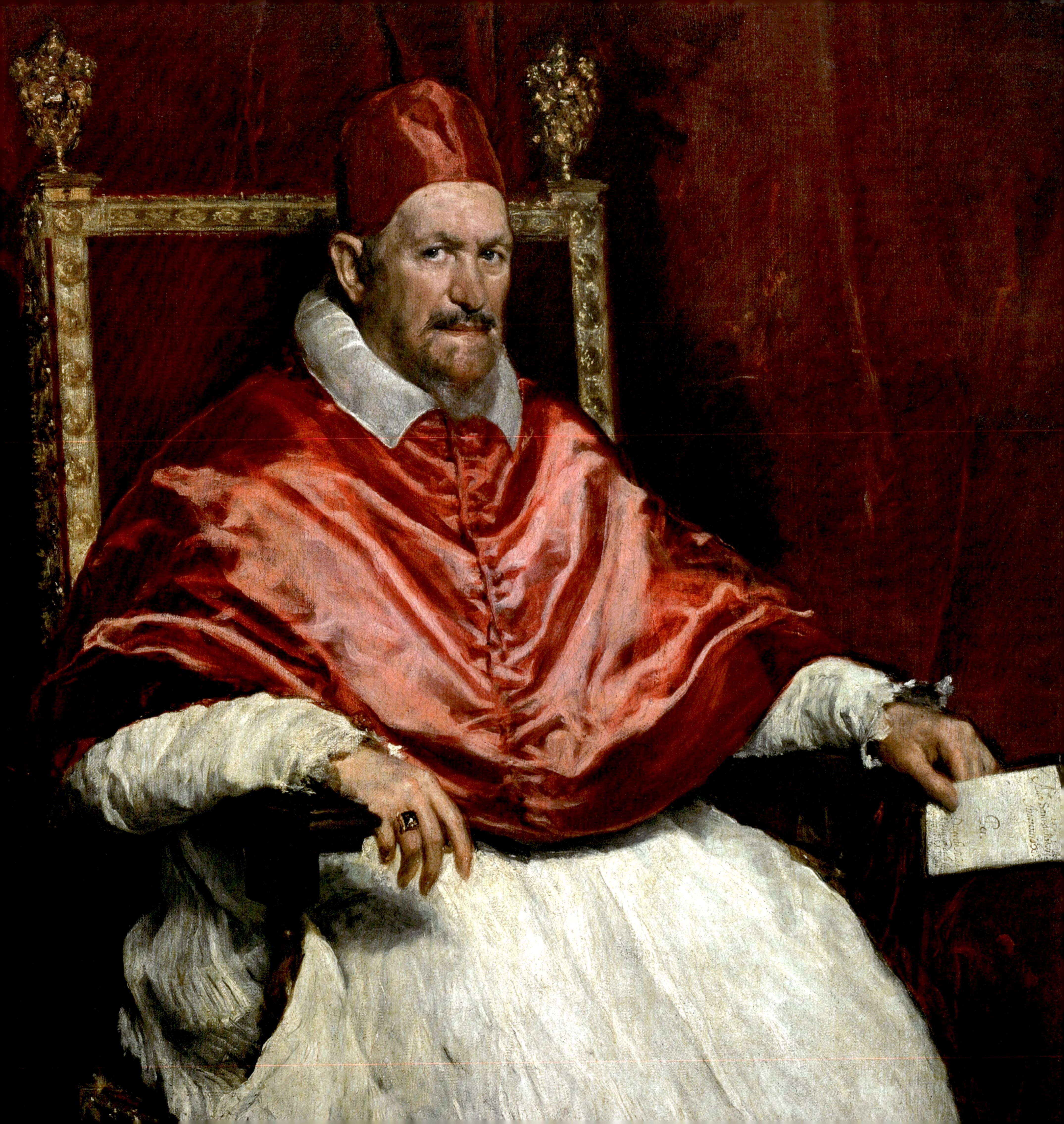

«LA PEINTURE N'EST PAS UNE CARESSE»

Arturo Galansino

Diego Rodríguez de Silva y Velázquez, *Ritratto di papa Innocenzo X*, 1650
particolare / detail
olio su tela / oil on canvas,
cm 141 × 119
Roma, Galleria Doria Pamphilj

«Dipingo con molti sentimenti personali. Quando si parla di sentimento nella pittura contemporanea si risulta sempre un po' sospetti. Pare non si debba mai utilizzare l'emozione, il cuore, io faccio esattamente il contrario! La pittura mi parla, parla allo spettatore, parla del suo tempo. Voglio essere attore della mia epoca»

La mostra *Yan Pei-Ming. Pittore di storie* esplora le potenzialità della pittura, tecnica tradizionale per eccellenza, e la capacità di questo mezzo di poter parlare della nostra storia in maniera accessibile e diretta.
Yan Pei-Ming è infatti pittore di Storia e di storie perché nella sua pittura si ritrovano immagini che hanno segnato il passato recente assieme alle invenzioni dei grandi maestri della storia dell'arte e al racconto intimo della propria vicenda personale ed esistenziale.

«Per me il soggetto stesso è la pittura»

In un dialogo continuo e condiviso tra Storia, storia delle immagini e autobiografia, nei quadri di Yan Pei-Ming i contenuti si riverberano, rispecchiandosi l'un l'altro in tempi e luoghi diversi, tra Oriente e Occidente. Una commistione spesso allusiva e misteriosa, come in *Les Funérailles de Monna Lisa* (pp. 52-53), una delle composizioni più famose

"I paint with a lot of personal feeling. When you talk about feelings in contemporary painting, people are always a little suspicious. It seems you're never supposed to express your emotions, your heart: I always do the exact opposite! Painting speaks to me, it speaks to the viewer, it speaks of its time. I want to be an actor of my time"

The exhibition *Yan Pei-Ming. Painting Histories* explores the potential of painting, the traditional technique par excellence, and this medium's ability to speak clearly of our history. Yan Pei-Ming is, in fact, a painter of History and of stories, for among his works we find images that have marked our recent history alongside his reinterpretations of the creations of the great masters of the past, as well as intimate depictions of his own personal and existential experience.

"To me the subject itself is the act of painting"

In a perpetual shared dialogue between History, the stories contained in images, and autobiography, the subjects of Yan Pei-Ming's paintings echo and reflect one another throughout different times and places, between East and West. This is often an allusive and mysterious commingling, as in *Les Funérailles de Monna Lisa* (pp. 52-53), one of this artist's most famous works, where the large-scale reproduction of the most famous portrait in the world, known even in the China of the Cultural Revolution where the artist grew up, is set in a vast landscape and hung alongside the portrait of the painter's father and a self-portrait, in both of which the subjects are on their deathbeds.

"The portrait is a reflection on the passing of time. In this case, the Mona Lisa represents a metaphor of time in its infinity"

Yan Pei-Ming often says that "painting is not a caress." This statement proves he is aware of the power of his art and embodies its explosive style, the dramatic, often disturbing subjects he tackles, and his constant and daily practice in his studio: a direct relationship with painting that becomes vital, existential, and often cathartic.
More at ease with his brushes than with theory, Yan Pei-Ming has continued to employ the figurative style he learned in his youth in Shanghai, though at the time of his debut in France this genre was anything but popular, and yet he still managed to be welcomed into even the most conceptual circles of the

dell'artista, dove la riproduzione in grande scala del più celebre ritratto al mondo, noto anche nella Cina della Rivoluzione culturale dove l'artista è cresciuto, viene inserita in un ampio paesaggio e affiancata al ritratto del padre del pittore e a un autoritratto, entrambi sul letto di morte.

«Il ritratto è una riflessione sul passare del tempo. In questo caso, Monna Lisa rappresenta una metafora del tempo nel suo infinito»

Yan Pei-Ming ci ripete spesso che «la pittura non è una carezza». Quest'affermazione esprime la consapevolezza della forza della sua arte, incarnandone lo stile dirompente, i soggetti affrontati drammatici e spesso disturbanti, e la pratica costante e quotidiana nello studio: un rapporto diretto con la pittura che diventa vitale, esistenziale e spesso catartico.
Più a suo agio con i pennelli che con le teorie, l'artista ha sempre dipinto utilizzando la figurazione imparata in gioventù a Shanghai, nonostante all'epoca dei suoi esordi in Francia questa fosse tutt'altro che in voga, e riuscendo a farsi accettare anche dagli ambienti più concettuali della École nationale supérieure des beaux arts di Digione, dove arrivò come studente all'inizio degli anni ottanta.
Egli ama definirsi «pittore d'assalto» poiché quando dipinge attacca la tela con energia, con pennellate vigorose e ampie stese direttamente sul supporto, senza disegni preparatori, creando le figure con rapidità, grazie a pochi gesti sicuri e quasi rituali. I suoi lavori sono sovente di dimensioni monumentali e per poterli realizzare egli deve impiegare estensioni, impalcature o piattaforme aeree. In questi imponenti lavori le immagini rappresentate appaiono quasi astratte a distanza ravvicinata, macchie di colore intrecciate e sovrapposte che acquisiscono una forma definita solo da lontano.

«Per anni mi sono autocondannato a dipingere in bianco e nero. A un certo punto mi sono detto che la condanna era un po' pesante... L'assenza di colore era inizialmente deliberata, per poter forgiare la mia personalità, per esistere»

Il suo stile riprende, facendola esplodere in formati giganteschi, la più illustre tradizione pittorica occidentale, traslandola verso una tavolozza quasi sempre bicolore.

École nationale supérieure des beaux arts in Dijon, where he arrived as a student in the 1980s.
He likes to define himself a "combative painter," for when he paints, he attacks the canvas energetically, with vigorous, broad brushstrokes applied directly onto the support. He never uses preparatory sketches and creates his figures with great speed, using sparse, steady, almost ritual, gestures. His works are often monumental in size, and to produce them he uses extenders, scaffoldings, and aerial platforms. In these imposing works, the depicted images appear abstract when observed from close-up; interwoven, overlapping patches of color that take on a defined shape only when seen from a distance.

"For years I condemned myself to paint in black and white. At one point, I told myself that my sentence was a bit harsh... At first the absence of color was deliberate, necessary to forge my personality, to exist"

His style draws inspiration from the most celebrated Western pictorial tradition, blown up to gigantic proportions and nearly always employing a two-tone palette, which was at first exclusively black and white, like the pictures he saw in the newspapers when he was young. It later included red, the color of blood and of life, followed, gradually, by other colors, finally achieving polychromatic effects. This limited palette amplifies the expressive force of his paintings; at the same time, the artist declares that it allows him to avoid comparison with the great masters of the past, by whom he is inspired but from whom he seeks to differentiate himself. Thanks to this limited range of colors, the way the effects of light are rendered on the pictorial surface, the play of light and shadow, have a central function.

"My work always orients towards human beings, it's the centre, the fundamental element of my work. If you ask me to do abstract painting, I can't handle it. I am interested in human beings"

Whether drawing upon his personal experience or tackling the great pictorial art of the past and the facts of History, Yan Pei-Ming always favors crude subjects related to death, a theme by which he is obsessed and which he exorcizes by painting it. He has thus depicted his own funeral, portrayed himself being executed or crucified – as in his first full-figure self-portrait, the triptych *Nom d'un chien !* (p. 43), in which the painter

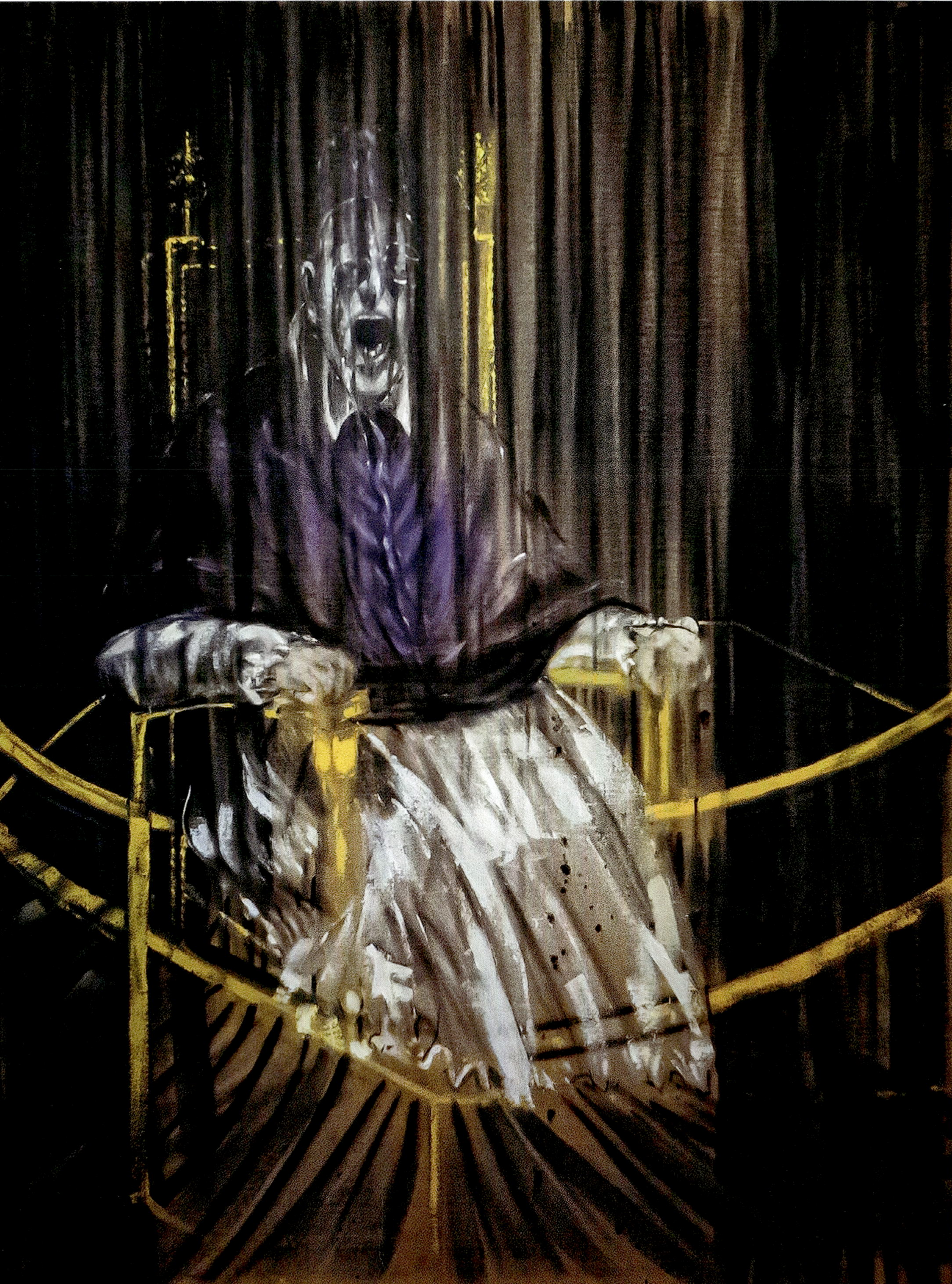

Francis Bacon, *Study After Velázquez's Portrait of Pope Innocent X*, 1953
olio su tela / oil on canvas,
cm 153 × 118
acquistato con i fondi del
purchased with funds from the
Coffin Fine Arts Trust, Des Moines, Des Moines Art Center, Nathan Emory Coffin Collection

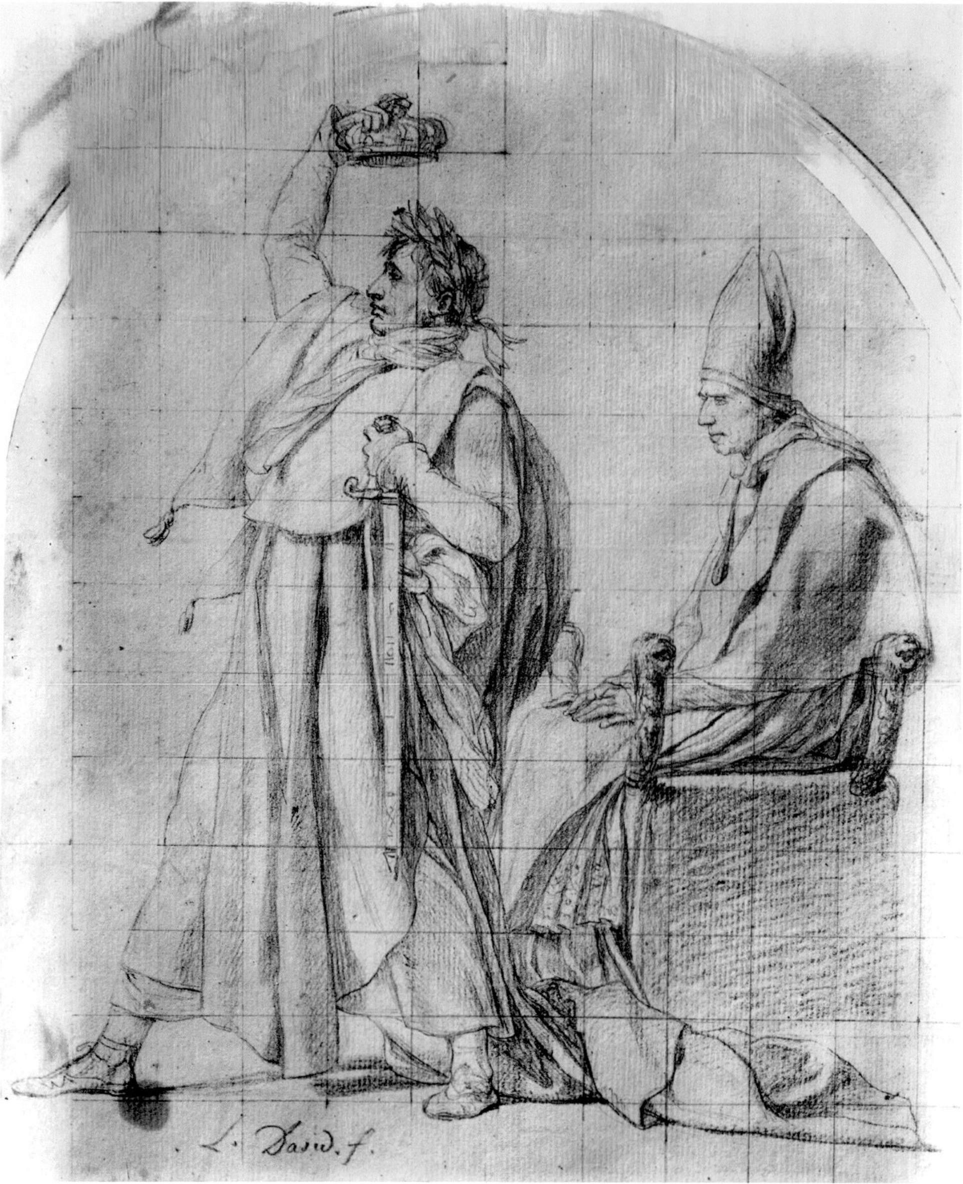

Jacques-Louis David,
L'Empereur Napoléon 1er se couronnant lui-même**,**
studio per / study for
Le Sacre de Napoléon**,**
1804-1807 circa
disegno, matita nera su carta beige, lievissime tracce di penna, inchiostro marrone
drawing, black pencil on beige paper, faint traces of pen, brown ink, **cm 29,2 × 25,2**
Paris, Louvre, Département des arts graphiques

Inizialmente questa era esclusivamente nera e bianca, come le foto che da giovane vedeva sui giornali, per poi includere il rosso, colore del sangue e della vita e, in seguito, gradualmente, altri colori fino a giungere a effetti policromatici. Questa palette limitata contribuisce ad amplificare la forza espressiva dei quadri e, a detta dell'artista, evita il confronto con i grandi maestri del passato cui egli si ispira ma dai quali al contempo vuole differenziarsi profondamente. Proprio per questa ridotta gamma cromatica, il trattamento luministico della superficie pittorica, la resa delle luci e delle ombre esercitano una funzione sostanziale.

«Il mio lavoro è sempre orientato verso l'essere umano, l'uomo è al centro di ogni cosa, l'elemento fondamentale del mio lavoro. Se mi chiedessero di creare un dipinto astratto, non credo che ci riuscirei: io sono interessato agli esseri umani»

depicts himself crucified three times, interpreting Christ as well as the thieves – or in *vanitas* paintings, compositions of skulls reproducing the CT scan of his head (pp. 76-77).
In this exhibition, his personal life is described through the trauma of the loss of his parents, as well as by images drawn from his early years in Shanghai. Among these are: the portrait of his mother (p. 47), the large amber Buddha (p. 49) – the sign of a devotion that was able to resist the atheism of Mao's China –, the vermilion animals from the Chinese horoscope, such as the dragon (p. 82) and the tiger (p. 81), and his tribute to the pop Kung-fu icon Bruce Lee (p. 80).
The monumental portrait of Mao (p. 79), the distant and ever-present icon of the artist's early years, also belongs to this Chinese imagery. This image was at the core of Yan Pei-Ming's universe long before he arrived in Europe, and though this genre was considered minor in China at the time, ever since his childhood the artist practiced by drawing and painting portraits of his family. And yet, his portraits of the "great helmsman" were the works through which he became known

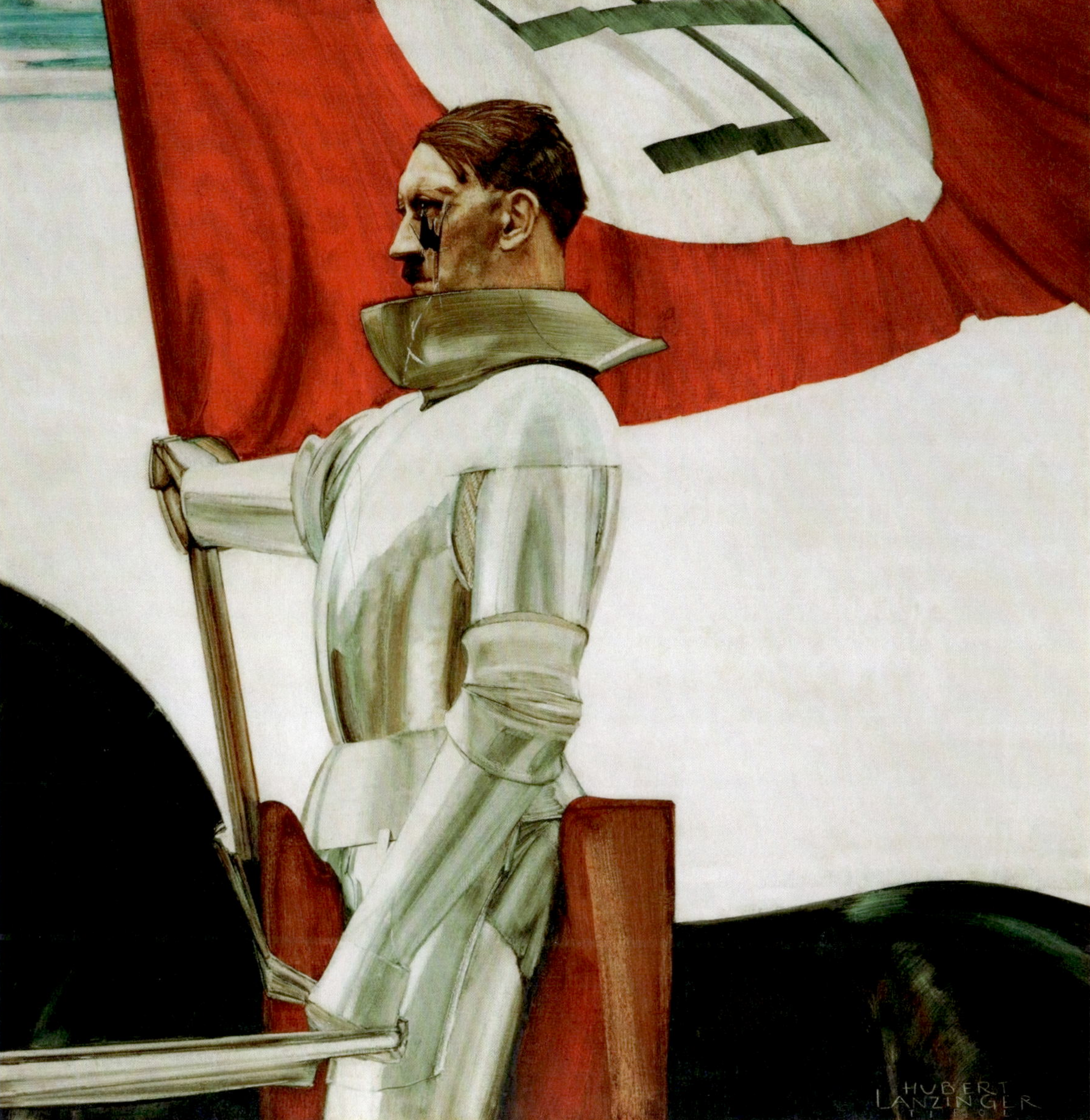

Hubert Lanzinger,
***Der Bannerträger*, 1932-1934**
olio su tavola / oil on panel,
cm 160 × 160
Washington, D.C., United States Army Center of Military History

Sia quando guarda alla sua vicenda privata che quando affronta la grande pittura del passato o i fatti che hanno segnato la grande Storia, Yan Pei-Ming predilige soggetti crudi e legati alla morte, da cui è ossessionato e che esorcizza dipingendola, scegliendo di raffigurare il proprio funerale, di rappresentarsi giustiziato o crocifisso – come nel suo primo autoritratto a figura intera, il trittico *Nom d'un chien !* (p. 43) in cui il pittore si rappresenta crocifisso tre volte, interpretando sia Cristo che i ladroni –, o in *vanitas* fatte di teschi che riproducono la TAC del suo cranio (pp. 76-77).
In mostra la sua storia personale viene raccontata attraverso il trauma della perdita dei genitori, e anche da immagini desunte dalla sua gioventù a Shanghai, come dimostrano il ritratto della madre (p. 47), il grande Buddha color ambra (p. 49) – presenza di una devozione resistente anche all'ateismo della Cina di Mao –, gli animali vermigli dell'oroscopo cinese, come il drago (p. 82) o la tigre (p. 81), o la derivazione pop del Kung-fu di Bruce Lee (p. 80).

in the West, emancipating him while at the same time binding him, personally and indissolubly, to the collective history in which this image was inescapable.

“Mao is like a laboratory for me. I do all my testing, my experimenting on his portraits”

Yan Pei-Ming measures himself with the extremely well-known features of a figure whose cult of personality he experienced firsthand, and thus from a very different perspective compared to other artists such as Gerhard Richter or Andy Warhol. Here Mao's face is intentionally integrated into the artist's existence, like an element connecting different moments of his life in an almost contradictory way. A ubiquitous image in China, a symbol of authority and of the lack of freedom of expression, it is what pushed Yan Pei-Ming to become an artist and lead a new life in France.

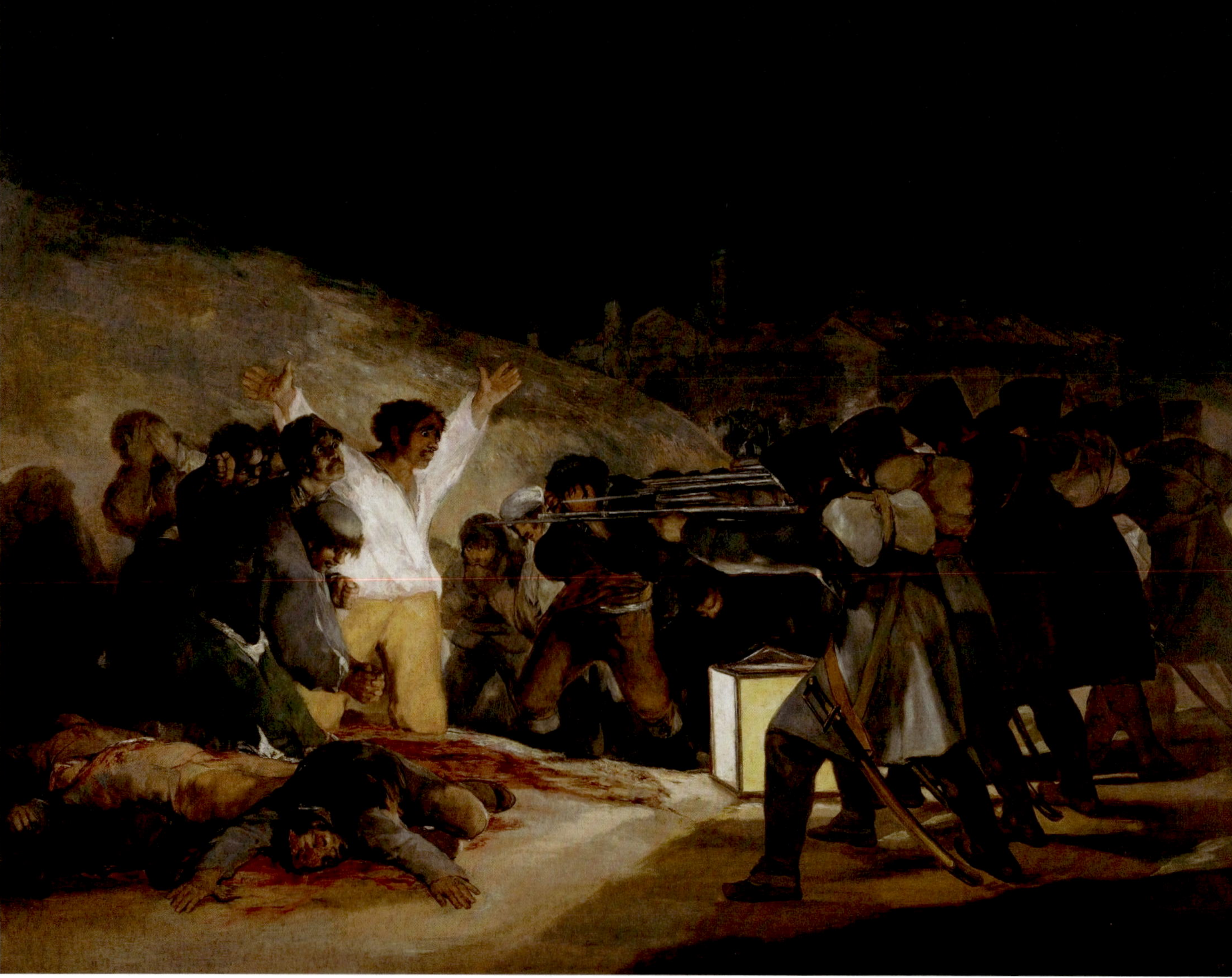

Francisco Goya,
El 3 de mayo en Madrid o "Los fusilamientos", 1814
olio su tela / oil on canvas,
cm 268 × 347
Madrid, Museo del Prado

All'immaginario cinese appartiene anche il grande Mao (p. 79), icona distante e onnipresente nella giovinezza dell'artista. Il ritratto è stato al centro dell'universo di Yan Pei-Ming ben prima del suo arrivo in Europa e, nonostante fosse un genere considerato minore nella Cina di allora, sin da ragazzo l'artista si esercitava disegnando e dipingendo i ritratti dei propri familiari. Furono però proprio i suoi ritratti del "grande timoniere" a farlo conoscere inizialmente in Occidente, emancipandolo e al contempo legandolo individualmente e indissolubilmente a una storia collettiva in cui quella immagine era imprescindibile.

«Mao per me è una specie di laboratorio. Faccio tutte le mie prove, i miei esperimenti sui suoi ritratti»

Yan Pei-Ming affronta un volto arcinoto di cui ha sperimentato il culto della personalità, partendo perciò da una prospettiva molto diversa rispetto a quanto abbiano fatto artisti come Gerhard Richter o Andy Warhol. Qui il volto di Mao viene consapevolmente integrato nell'esistenza

"Mao and my father aren't all that different to me [...] In China, they always told us that Mao was more important than our father. I didn't agree [...] Evidently Mao is the father"

His reflection upon the image of the great Communist leader ideally makes way for his work on the figures of world leaders, on their appearance and charisma, in a combination of news and fascination that has led Yan Pei-Ming to paint a potentially infinite series: *Game of Power*, portraits of power that include heads of state, sovereigns, dictators, and religious leaders. For Yan Pei-Ming, painting can be a political action, as we see in two portraits that counter one another in this exhibition: Putin (p. 67) and Zelensky (p. 72), both drawn from the covers that *Time* magazine dedicates each year to a figure who has been particularly relevant on a global level, the first from 2007 and the second from 2022. This juxtaposition evokes the omnipresence of war in human history, morbidly validated by a large watercolor of a "field of red skulls" (pp. 76-77), a pile of skulls soaked in blood which seems to ooze from the canvas.

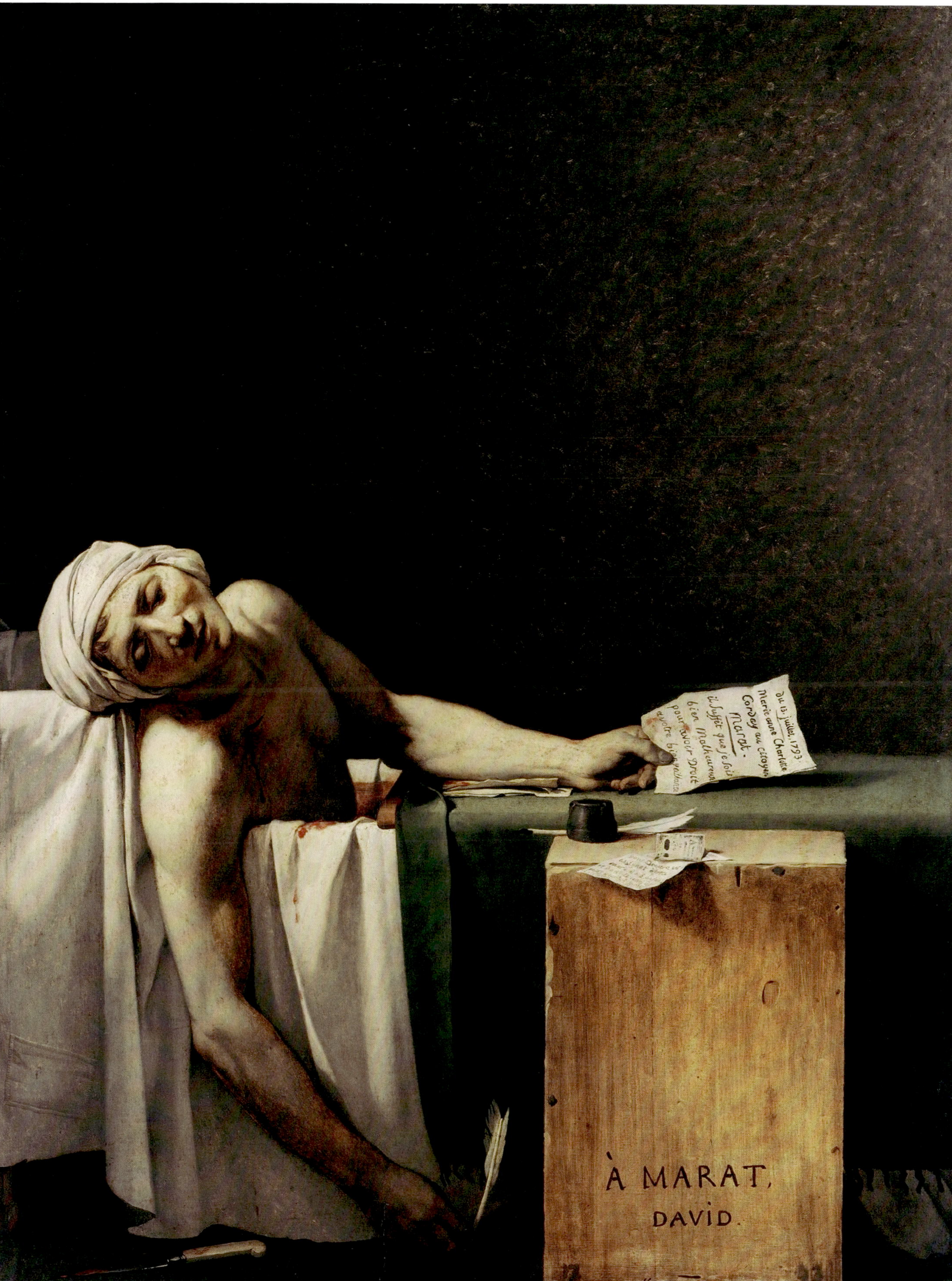

Jacques-Louis David,
***Marat assassiné*, 1793**
olio su tela / oil on canvas,
cm 165 × 128
Bruxelles, Musée royaux de beaux-arts de Belgique

dell'artista, come un elemento che lega differenti momenti della sua vita in modo quasi contradditorio: un'immagine che, onnipresente in Cina e simbolo di controllo e mancanza di libertà di espressione, lo ha spinto a essere artista e a una nuova vita in Francia.

«Non faccio troppa distinzione tra Mao e mio padre [...]. In Cina ci è stato sempre detto che Mao era più importante di nostro padre. Io non ero d'accordo [...]. Evidentemente è Mao il padre»

La riflessione sull'immagine del grande leader comunista apre idealmente la sua ricerca sui volti dei leader mondiali, sulla loro immagine e sul loro carisma, tra cronaca e fascinazione, che ha portato il pittore a dipingere la sua serie potenzialmente infinita dei *Game of Power*, ritratti del potere, che include capi di Stato, sovrani, dittatori, capi religiosi.
Per Yan Pei-Ming la pittura può essere un atto politico, come dimostrano i due ritratti, in mostra contrapposti, di Putin (p. 67) e Zelensky (p. 72) entrambi ispirati alle copertine, una del 2007 e l'altra del 2022, che la rivista «Time» dedica ogni anno a un personaggio che si sia particolarmente distinto a livello globale. Questa giustapposizione evoca l'onnipresenza della guerra nella storia umana e trova un macabro riscontro nel grande acquarello con un "campo di crani rossi" (pp. 76-77), una catasta di teschi immersa nel sangue che sembra grondare dalla tela.

«Non intendo praticare la nostalgia per la pittura antica: è solo un punto di appoggio per una rilettura. Si tratta di comprendere la potenza di Caravaggio e di precipitare immediatamente nella storia contemporanea»

Questo interesse di Yan Pei-Ming per la rappresentazione del potere sfocia anche nella citazione della pittura del passato, come testimoniano in mostra le sue riletture dell'*Innocenzo X* di Velázquez (pp. 8, 59) – ritratto che Francis Bacon (p. 11) non riusciva a guardare negli occhi –, dell'imperiosa auto-incoronazione di Napoleone Bonaparte (p. 65), ispirata a un disegno preparatorio di Jacques-Louis David (p. 12) per il grande *Le Sacre de Napoléon*, o del retorico quadro di propaganda hitleriana di Hubert Lanzinger (pp. 13, 93).
Colpito dalla violenza intrinseca che si manifesta nella

"I have no intention of being nostalgic about ancient painting: it's just a starting point for a reinterpretation. You need to understand the power of Caravaggio and immediately delve into contemporary history"

Yan Pei-Ming's interest in the portrayal of power also leads to the evocation of past masterpieces, represented here by his reinterpretations of Velázquez's *Innocenzo X* (pp. 8, 59) – a portrait that Francis Bacon (p. 11) was incapable of looking in the eye –, of the imperious self-coronation of Napoleon Bonaparte (p. 65) based on a preparatory sketch by Jacques-Louis David (p. 12) for his large *Le Sacre de Napoléon*, and of a rhetorical propaganda portrait of Hitler by Hubert Lanzinger (pp. 13, 93).
Struck by the violence inherint in history, Yan Pei-Ming reflects upon dramatic historical subjects, such as the execution of Spanish revolutionaries by Napoleon's troops, depicted by Goya as faceless automatons (pp. 14, 64), or the assassination of the Jacobin Marat (pp. 15, 60), a crime scene carefully studied by David to depict a martyr of the revolution.

"I am not a romantic painter. I am a painter of our times"

While these paintings by the great masters of the past have been a starting point for the reinterpretation of certain historical themes or events, a series of photographs referring to more recent news items has led the painter to depict some of the most dramatic moments of the past century in Italy in a disturbing triptych: the bodies of Benito Mussolini, executed and hung upside down in Piazzale Loreto in Milan (pp. 32, 95), of Pier Paolo Pasolini, discovered at the seaplane base in Ostia (pp. 33, 87), and of Aldo Moro, left by the Brigate Rosse in Via Caetani in Rome (pp. 33, 85).

"History plays a fundamental role in my work, partially because it is governed by the conflict between life and death, or the idea of the end of the human condition. I believe it is this constant struggle that moves us"

These three killings, which have deeply affected the past decades in our country's recent history, enter into an allusive dialogue with a Crucifixion (p. 86) – inspired by Pasolini's movie *Il Vangelo secondo Matteo* (The Gospel According

storia, Yan Pei-Ming riflette su soggetti drammatici, come la fucilazione dei rivoluzionari spagnoli da parte delle truppe napoleoniche rappresentate da Goya come automi senza volto (pp. 14, 64), e l'assassinio del giacobino Marat (pp. 15, 60), scena del crimine attentamente studiata da David per creare un martire della rivoluzione.

«Non sono un pittore romantico. Sono un pittore del nostro tempo»

Come i quadri dei grandi maestri della pittura fin qui citati hanno fatto da base di partenza per una rilettura di alcuni temi o fatti storici appartenenti a momenti passati, alcune più recenti fotografie di cronaca hanno portato il pittore a rappresentare in una terribile trilogia di dipinti alcune delle vicende italiane più drammatiche dell'ultimo secolo: il corpo di Benito Mussolini, giustiziato e appeso a testa in giù a Milano a Piazzale Loreto (pp. 32, 95), il cadavere di Pier Paolo Pasolini trovato all'idroscalo di Ostia (pp. 33, 87) e quello di Aldo Moro fatto rinvenire dalle Brigate Rosse a Roma in via Caetani (pp. 33, 85).

«La storia ha un ruolo fondamentale nel mio lavoro, anche perché è governata dal conflitto tra la vita e la morte, vale a dire l'idea della fine della condizione umana. Penso sia proprio questa lotta perpetua a commuoverci»

Un trittico di uccisioni che hanno segnato nei decenni passati il susseguirsi della storia del nostro Paese e che dialogano in modo allusivo con una Crocifissione (p. 86) – tratta dal film *Il Vangelo secondo Matteo* di Pasolini – e con un paesaggio "sombre" (pp. 96-97) che sembra dipinto col catrame e nella cui profonda notte echeggia l'abbaiare feroce di un cane dalle fauci spalancate (p. 94).

«Il nero della notte mi interessa molto, gioca un ruolo fondamentale nel mio lavoro, ma affinché diventi davvero intenso anche il grigio è necessario»

to St. Matthew) – and with a *sombre* landscape (pp. 96-97), seemingly painted in tar, the fierce barking of a dog with its jaws wide open echoing throughout its pitch-black night (p. 94).

"The black of night interests me quite a lot; it plays a fundamental role in my work, but grey is required, too, for the black to become truly intense"

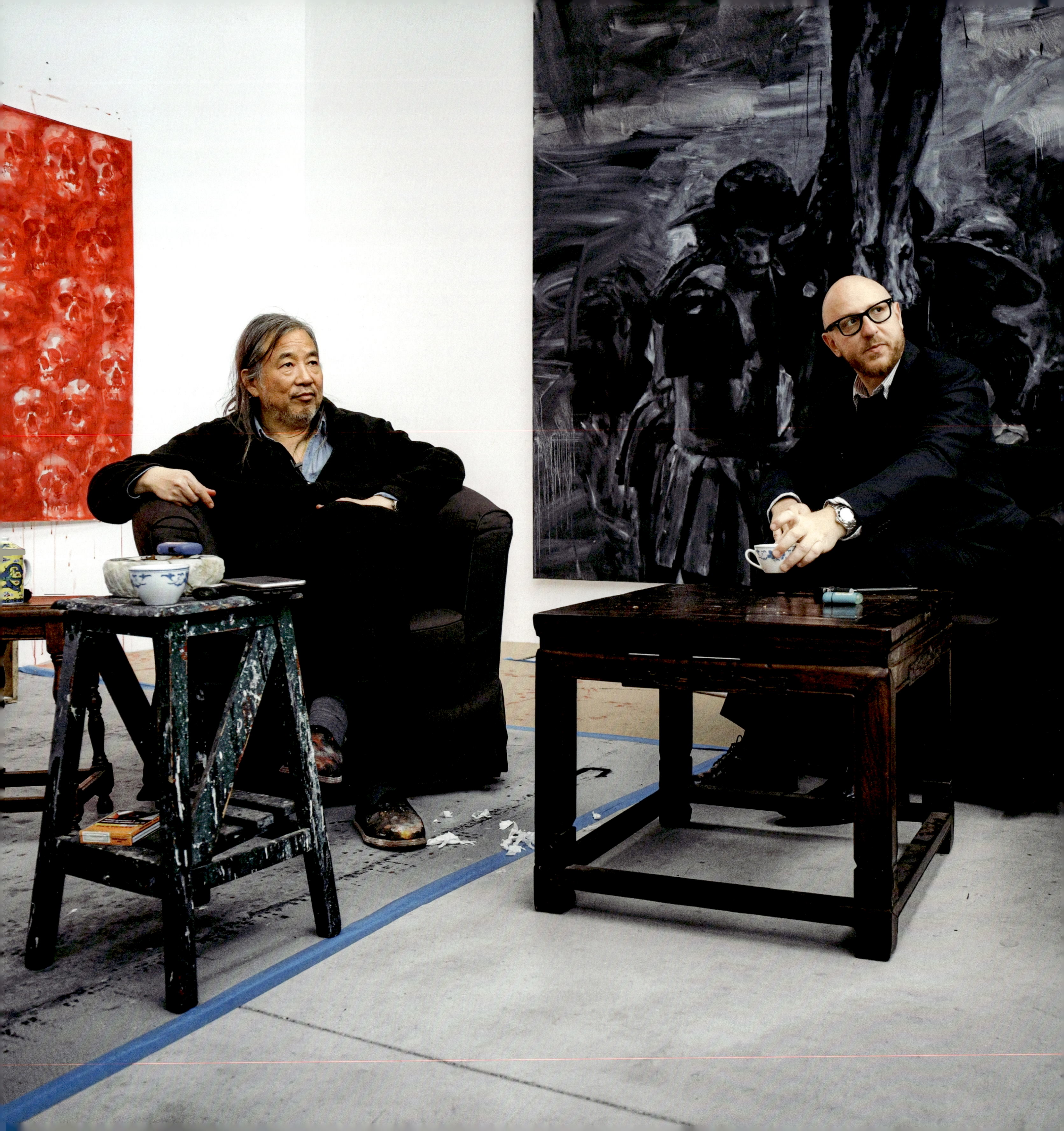

CONVERSAZIONE
CONVERSATION

Yan Pei-Ming
Arturo Galansino

Yan Pei-Ming con Arturo Galansino nello studio dell'artista, aprile 2023 / Yan Pei-Ming with Arturo Galansino in the artist's studio, April 2023 **Dijon**

Digione, studio dell'artista
aprile 2023

ARTURO GALANSINO — Negli anni ottanta, quando hai cominciato a lavorare, il figurativo non era molto di moda. Perché hai deciso di continuare a utilizzare questo linguaggio, in un mondo dell'arte che spesso ha intrapreso strade diverse?

YAN PEI-MING — Mi è sempre piaciuta la pittura figurativa. Mi permette di esprimermi al meglio. Effettivamente all'epoca non era in voga, ma mi rifiutavo di seguire la moda. Molto spesso, quando si decide di seguirla, è già passata di moda. Da sempre mi sono impegnato nella pittura figurativa. È con questo linguaggio che mi sento più a mio agio e dunque utilizzo questa forma espressiva.

AG — In che modo le vicende biografiche hanno influenzato il tuo lavoro?

YPM — Sono sempre stato interessato ai ritratti di famiglia. Quando ero giovane, in Cina, se ero a corto di modelli potevo sempre chiedere ai membri della mia famiglia di posare per me. È un soggetto piuttosto intimo che mi permette di raccontare un universo familiare attraverso la grandezza della pittura. Dal soggetto della famiglia si può facilmente passare ad altri. Il ritratto è il centro del mio universo.

Dijon, the artist's studio
April, 2023

ARTURO GALANSINO — When you started working in the 1980s, figurative art wasn't very popular. Why did you decide to continue using this language in an art world that often took other directions?

YAN PEI-MING — I've always liked figurative painting. It allows me to express myself to the best of my ability. It's true, at the time it wasn't popular, but I refused to follow the trend. Often, when you decide to follow trends, they've already passed. I have always worked with figurative painting. I feel more comfortable with this language and so I use this form of expression.

AG — How have the events of your life influenced your work?

YPM — I've always been interested in family portraits. When I was young, in China, if I was short of models, I could always ask my family members to pose for me. It's a fairly intimate subject and it allows me to describe a family universe through the greatness of painting. It's easy to pass from a family subject on to others. The portrait is at the center of my universe.

AG — How did your portraits of Mao influence your early success?

YPM — I grew up with Mao Zedong's portraits during the Cultural Revolution. At the time, no other image had ever been so widespread. The very subject of Mao Zedong was crucial: who knew the young artist Yan Pei-Ming? No one, but everyone knew Mao Zedong. Paintings of Mao Zedong lead to a contemporary interpretation of China. For me, it was also a way of producing more intimate portraits outside of traditional propaganda.

AG — In what way have portraits defined, and still continue to define, your production?

YPM — Portraits are important for both the painter and the viewer. For centuries, they have played a crucial role in art history: portraiture is one of the classic genres. My research into portraits is at the heart of my work.

AG — After your study trip to Amsterdam in 1983 and your discovery of Rembrandt and Van Gogh's

***Autoportrait*, 2022**
olio su tela / oil on canvas,
cm 100 × 81
Firenze, Gallerie degli Uffizi, Galleria delle Statue e delle Pitture, collezione degli Autoritratti

AG — In che modo i ritratti di Mao hanno avuto un peso nella tua fortuna iniziale?

YPM — Sono cresciuto durante la Rivoluzione culturale con il ritratto di Mao Zedong. A quel tempo un'immagine non era mai stata così diffusa. Il soggetto stesso di Mao Zedong è importante: chi conosceva l'artista Yan Pei-Ming da giovane? Nessuno, mentre tutti conoscevano Mao Zedong. I dipinti di Mao Zedong introducono a una lettura contemporanea della Cina. Per me è anche un modo per realizzare ritratti al di fuori della tradizione propagandistica, e molto più personali.

AG — In che modo i ritratti hanno segnato, e continuano a segnare, la tua produzione?

YPM — Il ritratto è importante sia per il pittore, sia per chi lo guarda. Da secoli svolge un ruolo fondamentale nella storia dell'arte, è uno dei generi classici. La ricerca sul ritratto è al centro del mio lavoro.

AG — Dopo il tuo viaggio di studio ad Amsterdam nel 1983 e la scoperta degli autoritratti di Rembrandt e Van Gogh, hai smesso di dipingerne e hai ricominciato solo nel 1994. Eri troppo giovane e sei stato sopraffatto dalle loro opere? O come spieghi altrimenti la tua reazione?

YPM — Fin da quando ero molto giovane ho sempre disegnato autoritratti.
Quando ho scoperto gli autoritratti di Rembrandt e Van Gogh ero in un periodo in cui dipingevo soprattutto ritratti di persone anonime o scene espressioniste. Non credo di essere stato sopraffatto dalle loro opere, è solo che in quel periodo avevo altri interessi. Volevo anche evitare di realizzare opere troppo figurative.

AG — E i tuoi autoritratti?

YPM — L'autoritratto è un soggetto ineludibile e affascinante per tutti i pittori. Dipingere un ritratto di se stessi significa mettere in gioco l'autostima dell'artista. C'è un lato eterno nell'autoritratto di Rembrandt, Picasso, Van Gogh... Credo che tutti i pittori, me compreso, siano affascinati dagli autoritratti di altri artisti. Direi che rivelano il modo in cui si esprimono.

AG — A cosa ti sei ispirato per l'autoritratto che donerai agli Uffizi e che entrerà a far parte della

self-portraits, you stopped painting them yourself and only resumed doing so in 1994. Were you too young and overwhelmed by their works? How else do you explain your reaction?

YPM — I began painting self-portraits at a very young age. When I discovered Rembrandt and Van Gogh's self-portraits, it was a period in which I was mainly painting portraits of strangers or expressionist scenes. I don't think I was overwhelmed by their works, simply at the time I had other interests. I was also trying to avoid producing overly figurative pieces.

AG — What about your self-portraits?

YPM — The self-portrait is a fundamental and fascinating subject for every painter. Painting a portrait of yourself involves the artist's self-esteem. There's an eternal aspect to the portraits of Rembrandt, Picasso, Van Gogh... I believe that every painter, myself included, is fascinated by the self-portraits of other artists. I would say they reveal the way in which they express themselves.

AG — What was your source of inspiration for the self-portrait you will be donating to the Uffizi, where it will join the collection begun in 1664 by Cardinal Leopoldo de' Medici? It's the largest and most important collection of self-portraits in the world, and it continues to grow thanks to the donations from leading contemporary artists.

YPM — It's a black and white, full-face self-portrait. Many classic painters have depicted themselves in a three-quarter view, but I chose to face the world.
I know the Uffizi well. I've visited several times. It's one of the most beautiful museums in the world. Having a painting included in an institution of its standing is a great honor for a living artist. In this manner, I am entering a continuity that will place me, for centuries to come, in the company of the most famous painters.

AG — The exhibition at Palazzo Strozzi opens with one of your self-portraits (*Nom d'un chien ! Un jour parfait*), but for the first time it's paired with an object from your studio created with the leftovers from your paintings, a sort of three-dimensional self-portrait, connected to the more material aspect of your work. How did it evolve over the decades?

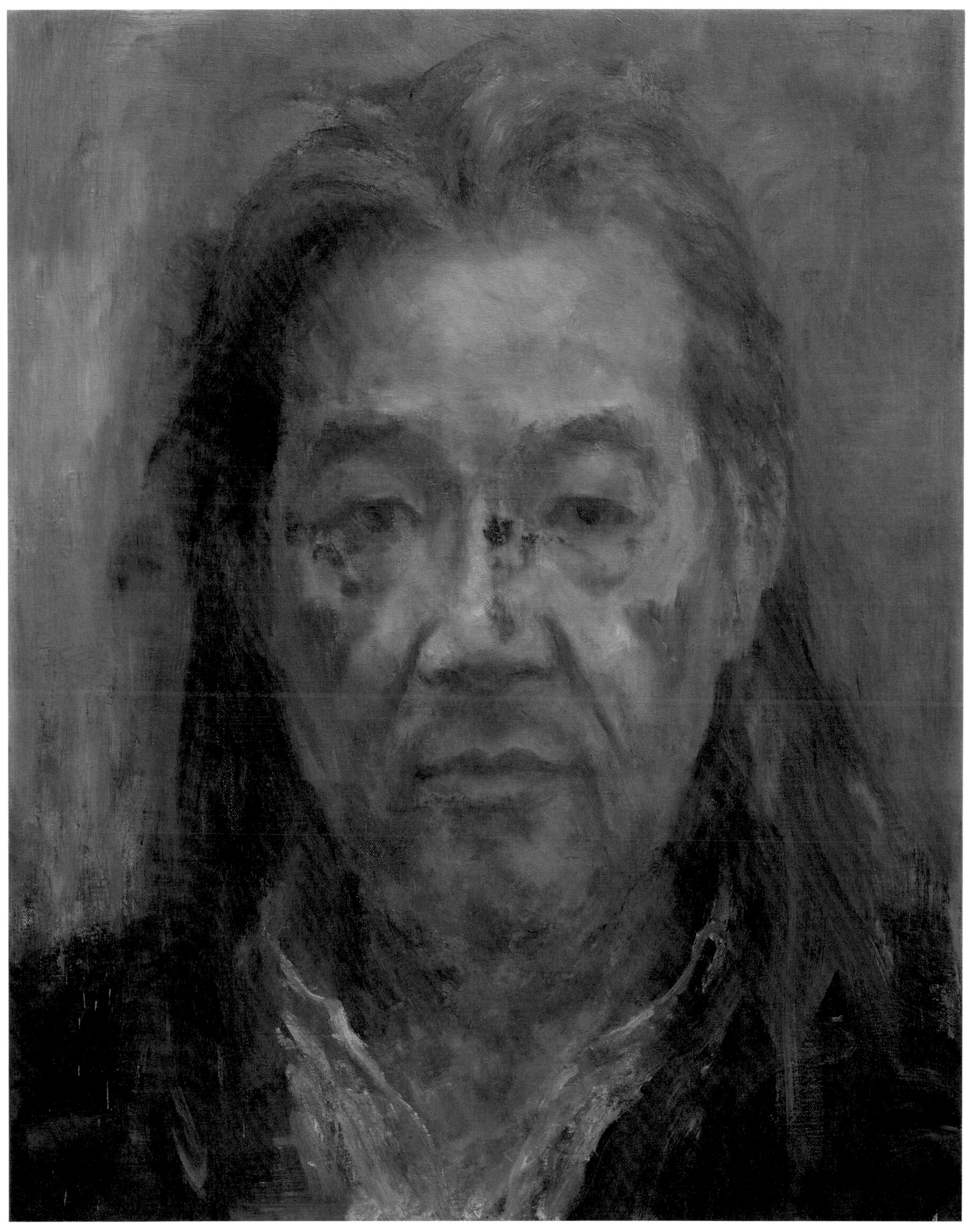

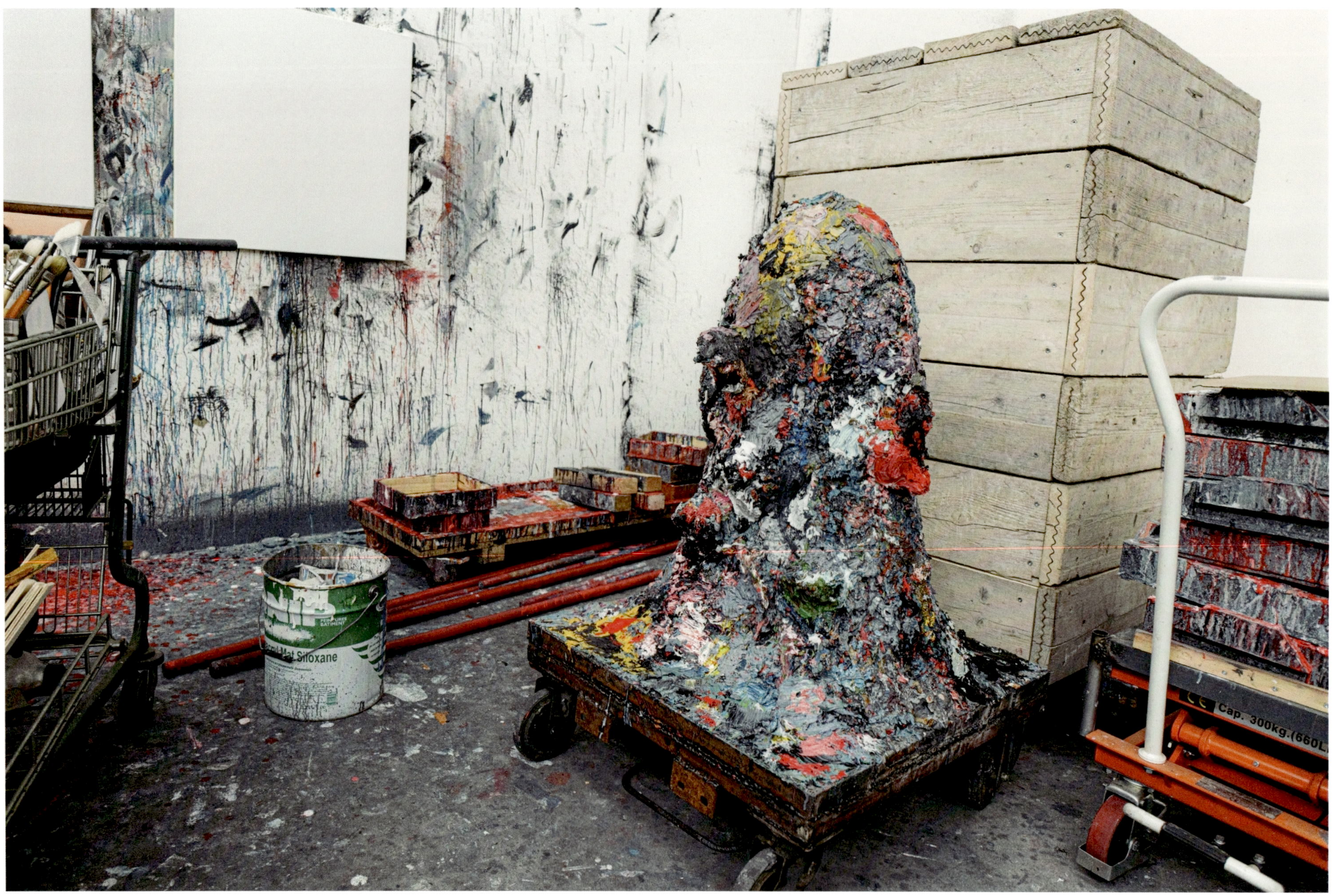

Resti della tavolozza di Yan Pei-Ming / Leftovers from Yan Pei-Ming's palette, **dal** / since **1996**
pittura a olio, ferro / oil paint, iron, **cm 122 × 80 × 80**
Courtesy l'artista / the artist

collezione iniziata nel 1664 dal cardinale Leopoldo de' Medici? Si tratta della più vasta e importante collezione di autoritratti al mondo, che continua ad accrescersi grazie alle donazioni dei maggiori artisti contemporanei.

YPM — È un autoritratto in bianco e nero, frontale. Molti pittori classici si ritraggono di tre quarti, ma io ho scelto di guardare il mondo.
Conosco bene le Gallerie degli Uffizi. Ci sono stato diverse volte. È uno dei musei più belli del mondo. Consegnare un quadro a un museo del genere è un grande onore per un artista vivente. Entro così in una continuità che mi porrà per i secoli a venire nella schiera dei pittori più illustri.

AG — La mostra a Palazzo Strozzi si apre con un tuo autoritratto (*Nom d'un chien ! Un jour parfait*), ma per la prima volta è affiancato da un oggetto del tuo studio fatto dei resti dei tuoi dipinti, una sorta di autoritratto tridimensionale, legato all'aspetto materico del

YPM — I began accumulating paint in 1996, with the idea of leaving a trace. Before then I used to throw the leftover paint in the trash. Then one day I began collecting the remnants on an old metal cart. After some years, the mound was getting pretty high. So I decided to make the cart bigger. I cut it through the middle and made it wider, preserving the old wheels. Then I put a metal shaft full of crosses in the center to hold up the material. This was over twenty-five years ago. What I'm interested in here is the subject of time: if there is so much leftover paint, it means that a large amount of paint was applied to the canvases. I would say that 3% of the paint is on this structure, 2% on the floor, and 95% on canvas.
This cart with paint residue is, in a way, my self-portrait as a painter. It's the depiction of time passing. I wanted to exhibit it two or three years ago, but I wasn't able to. Palazzo Strozzi is the perfect place to exhibit this pile of paint in front of the triptych *Nom d'un chien ! Un jour parfait*.

AG — Titles are very important for you: what is the meaning of *Nom d'un chien ! Un jour parfait*?

tuo lavoro. Come si è venuto creando nel corso dei decenni?

YPM — Ho iniziato ad accumulare la vernice nel 1996, con l'idea di lasciare una traccia. Prima di allora gettavo gli avanzi di pittura nella spazzatura. Poi un giorno ho iniziato a riunire gli avanzi su un vecchio carrello di metallo. Dopo qualche anno, la pila stava già diventando piuttosto alta. Così ho deciso di ingrandire il carrello. L'ho tagliato al centro e l'ho reso più largo, mantenendo però le vecchie ruote. Poi ho messo al centro un'asta di metallo con molte croci, per sostenere la materia. Questo accadeva più di venticinque anni fa. Quello che mi interessa è il tema del tempo: se ci sono così tanti residui di pittura, significa che c'è altrettanta pittura applicata alle tele. Direi che il 3% dei resti di pittura si trova su questa struttura, il 2% sul pavimento e il 95% sulla tela. Questo carrello con i resti di vernice è in un certo senso il mio autoritratto come pittore. È la rappresentazione del tempo che passa. Volevo esporlo già due o tre anni fa, ma non ne ho avuto la possibilità. Palazzo Strozzi è il luogo ideale per esporre questo mucchio di pittura di fronte al trittico *Nom d'un chien ! Un jour parfait*.

AG — Dai molta importanza ai titoli che scegli: qual è il significato di *Nom d'un chien ! Un jour parfait*?

YPM — L'espressione "Nom d'un chien!" (Porca miseria!) esprime sorpresa. Un giorno Xavier Douroux, uno dei fondatori di Le Consortium, è venuto a trovarmi nello studio. Quando ha visto questo lavoro ha esclamato: «Nom d'un chien!». Immediatamente mi sono detto che avevo il mio titolo. Era molto sorpreso dal dipinto e io ero sorpreso che avesse gridato in quel modo. Poi ho aggiunto: «Un giorno perfetto». Quindi il titolo è stato molto spontaneo. Ma quando mi vengono in mente i titoli, possono essere molto variabili: alcuni sono spontanei, altri sono il frutto di una riflessione accurata, altri ancora il risultato di una discussione...

AG — Come pensi i titoli delle tue opere?

YPM — Il titolo gioca un ruolo molto importante, quindi lo scelgo con cura. Guida lo sguardo dello spettatore. Porta con sé un significato, che dà un senso al dipinto. Non ho mai un quadro senza titolo. Per esempio, nella sala dei ritratti espongo il ritratto di mia madre e due dipinti intitolati *Paradis Céleste pour ma mère* e *Bouddha pour ma mère*. Si può immaginare che il paradiso terrestre sia un luogo in cui mia madre avrebbe voluto essere.

YPM — The exclamation "Nom d'un chien!" (Dammit!) expresses surprise. One day, Xavier Douroux, one of the founders of Le Consortium, came to visit me in my studio. When he saw this piece, he exclaimed: "Nom d'un chien!" I immediately realized that I had my title. He was very surprised by the painting and I was surprised by his reaction. So I added: "A perfect day." The title was very spontaneous. But when I think up my titles, they can vary a lot: some are spontaneous, others are the result of long consideration, others still stem from a discussion...

AG — How do you choose the titles for your works?

YPM — Titles play a very important role, so I choose them very carefully. They guide the viewer's gaze. They carry with them a meaning that lends significance to the painting. I never leave a painting without a title. For example, in the portrait room I'm showing a portrait of my mother and two paintings entitled *Paradis Céleste pour ma mère* and *Bouddha pour ma mère*. You can imagine that Heaven on Earth is a place where my mother would have wanted to be.

AG — Yan Pei-Ming between East and West: dragons, tigers, Bruce Lee, and the Buddha evoke the world of your ancestors, but you mostly live in the West, and you have internalized its figurative and cultural imagery. Do you feel divided or do these two aspects coexist in harmony?

YPM — I was born and grew up in Shanghai. Then, when I turned twenty, I moved to France where I went to art school. This offered me a key for the interpretation of Western art. When you have lived in Shanghai for twenty years, you can never completely eradicate your Chinese culture. It's as if I've been "transplanted" somewhere else, in the West, which makes me a blend of the two cultures, French and Chinese. What I am interested in above all is my personal and artistic expression. I assume I am both a Chinese and a European artist, but I am first of all an artist.

AG — For the exhibition at Palazzo Strozzi, you have painted a very powerful dragon, a figure that Western imagination immediately associates with Chinese mythology. What is its meaning for you?

YPM — In China, in the year of the Dragon, there is always an increase in the birthrate. Every Chinese parent hopes their children will be Dragons. It's a birth year that is superior to the others. Symbolically, the dragon is connected to the figure of

Bruce Lee in *Enter the Dragon*, 1973

AG — Yan Pei-Ming tra Oriente e Occidente: dragoni, tigri, Bruce Lee e Buddha parlano del tuo mondo ancestrale, ma vivi soprattutto in Occidente e ne hai interiorizzato l'immaginario figurativo e culturale. Ti senti diviso o hai fatto convivere le due realtà?

YPM — Sono nato e cresciuto a Shanghai. Poi, a vent'anni, sono arrivato in Francia, dove ho frequentato la scuola d'arte. Questo mi ha fornito una lettura dell'arte occidentale. Quando si vive a Shanghai per vent'anni non si può mai essere completamente sradicati dalla propria cultura cinese. È come se fossi stato "trapiantato" altrove, in Occidente, il che mi rende una commistione tra le due culture, francese e cinese. Ciò che mi interessa di più è l'espressione personale e artistica. Presumo di essere un artista cinese ed europeo, ma sono prima di tutto un artista.

the emperor and signifies wisdom, power, and good luck. For Palazzo Strozzi I have painted a dragon that is the same height as one of my Bruce Lee paintings. They will be hung in the same room. Bruce Lee's Chinese name is Li Xiao Long, which means "the little dragon."

AG — In 1978, you visited the exhibition *French Landscape and Peasants: Rural Life in France in the 19th Century, 1820–1905* in Shanghai. You were very young, barely eighteen years old. How did this show influence your work? Were you more interested in the subjects or in the style of the paintings?

YPM — The show *French Landscape and Peasants: Rural Life in France in the 19th Century, 1820–1905* was held in Shanghai at the Sino-Soviet Friendship Mansion (中苏友好大厦). I stood in line all night to buy a ticket. It was one of the first

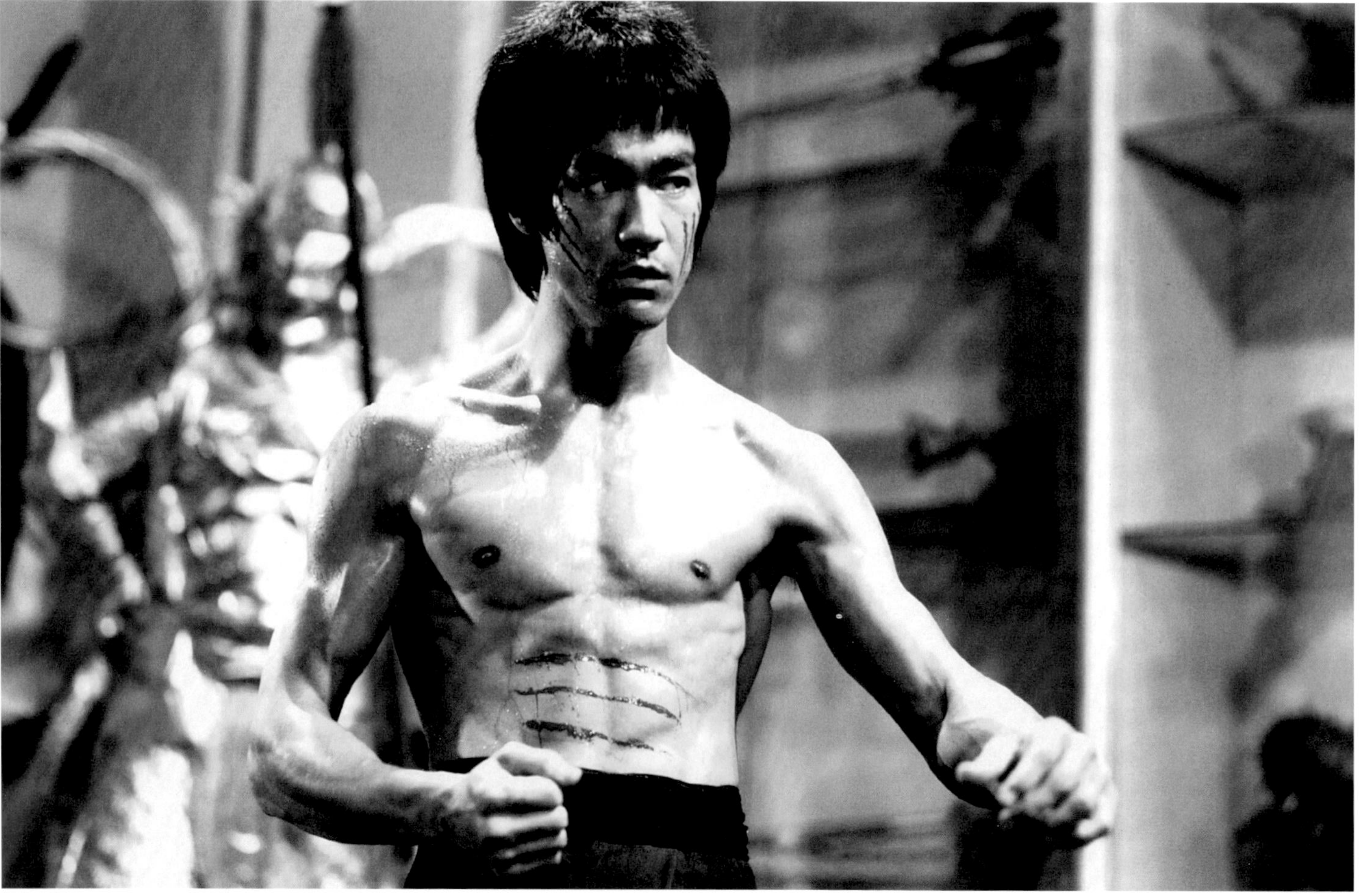

Yan Pei-Ming e Arturo Galansino nello studio dell'artista, aprile 2023 / Yan Pei-Ming with Arturo Galansino in the artist's studio, April 2023
Dijon

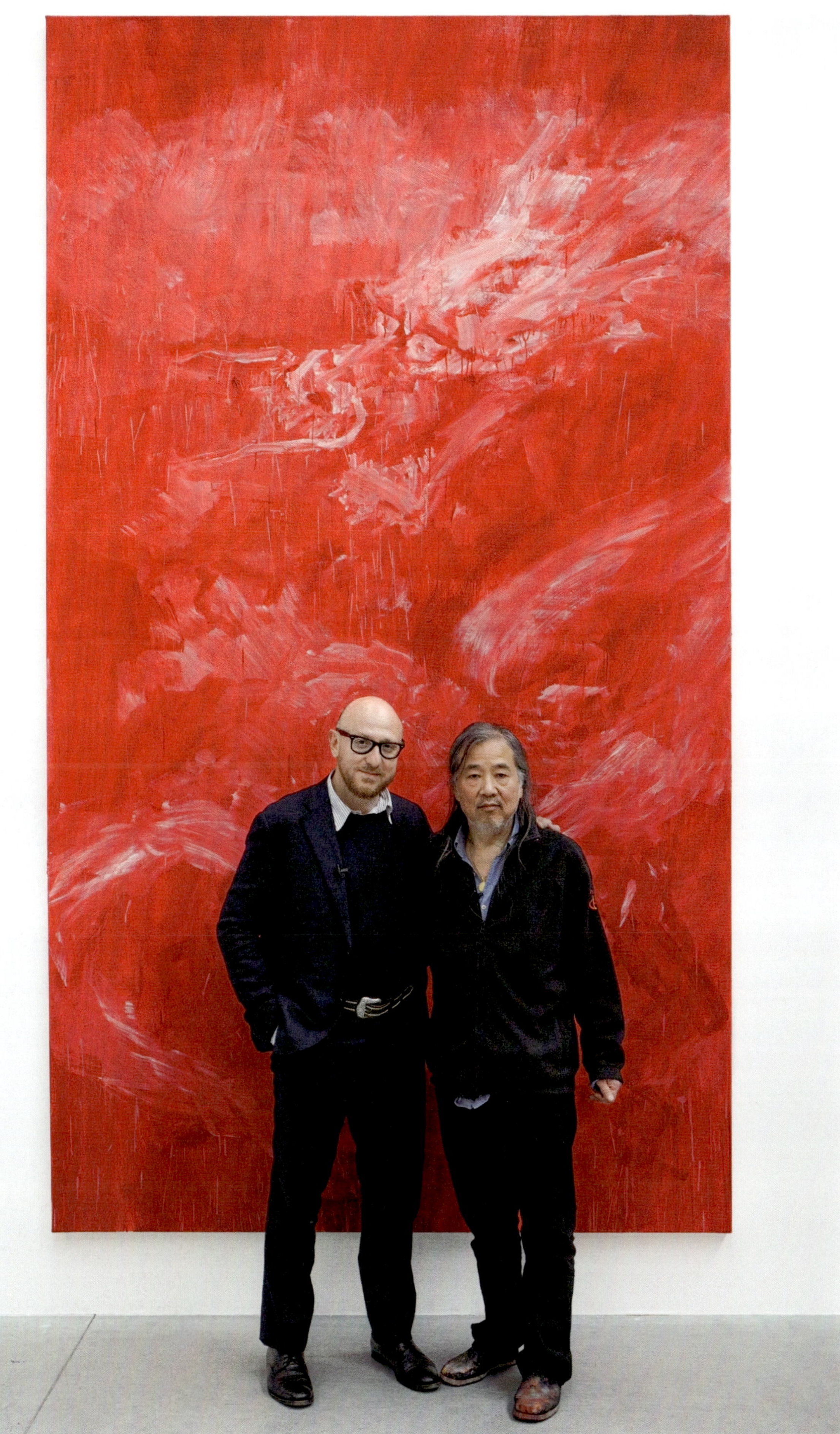

AG — Per la mostra di Palazzo Strozzi hai dipinto un dragone di grande potenza, una figura che nell'immaginario occidentale si associa immediatamente alla mitologia cinese. Qual è il suo significato per te?

YPM — Nell'anno del Drago in Cina ci sono sempre più nascite. Tutti i genitori cinesi sperano che i loro figli siano draghi. È un anno di nascita superiore agli altri. Simbolicamente, il drago è legato alla figura dell'imperatore e rappresenta saggezza, potere e fortuna.
Per Palazzo Strozzi ho dipinto un drago della stessa altezza di un quadro di Bruce Lee. Entrambi saranno nella stessa sala. Il nome di battesimo di Bruce Lee in cinese è Li Xiao Long, che significa "il piccolo drago".

AG — Nel 1978 a Shanghai hai visitato la mostra *French Landscape and Peasants: Rural Life in France in the 19th Century, 1820-1905* (Paesaggio e contadini, la vita rurale in Francia nel XIX secolo, 1820-1905), eri giovanissimo, appena diciottenne. In che modo l'esposizione ha influenzato il tuo lavoro? Eri più interessato ai soggetti o al tipo di pittura?

YPM — La mostra *French Landscape and Peasants: Rural Life in France in the 19th Century, 1820-1905* si è tenuta a Shanghai presso il Palazzo dell'amicizia sino-sovietica (中苏友好大厦). Ho passato la notte in coda per acquistare il biglietto d'ingresso. Si trattava di una delle prime mostre di dipinti originali francesi in Cina. Tutti gli artisti, studenti e insegnanti dell'Accademia d'arte erano venuti per l'occasione.
A quel tempo, la Cina subiva unicamente l'influenza della pittura accademica dell'Unione Sovietica. Per quanto riguarda la pittura francese, avevamo visto solo brutte riproduzioni di dipinti in bianco e nero. La mostra ebbe un grandissimo successo e ha influenzato un gran numero di artisti cinesi, al tempo dell'apertura della Cina da parte di Deng Xiaoping.
I soggetti erano molto classici. Sono state soprattutto le pennellate a commuovermi. Era la prima volta che vedevo dei "tocchi pittorici" nella realtà. Sono rimasto a lungo ad ammirare i dipinti. A posteriori, credo che questa mostra abbia avuto un'influenza sul mio lavoro, soprattutto perché ha accresciuto il mio interesse e il mio desiderio di andare in Francia.

AG — Hai affrontato tutti i generi classici della pittura: di storia, ritratto, autoritratto, natura morta (e *vanitas*), paesaggio, di animali. Forse ti manca solo la pittura

Champ de crânes rouges,
particolare dallo studio di Yan Pei-Ming, aprile 2023
detail from Yan Pei-Ming's studio, April 2023
Dijon

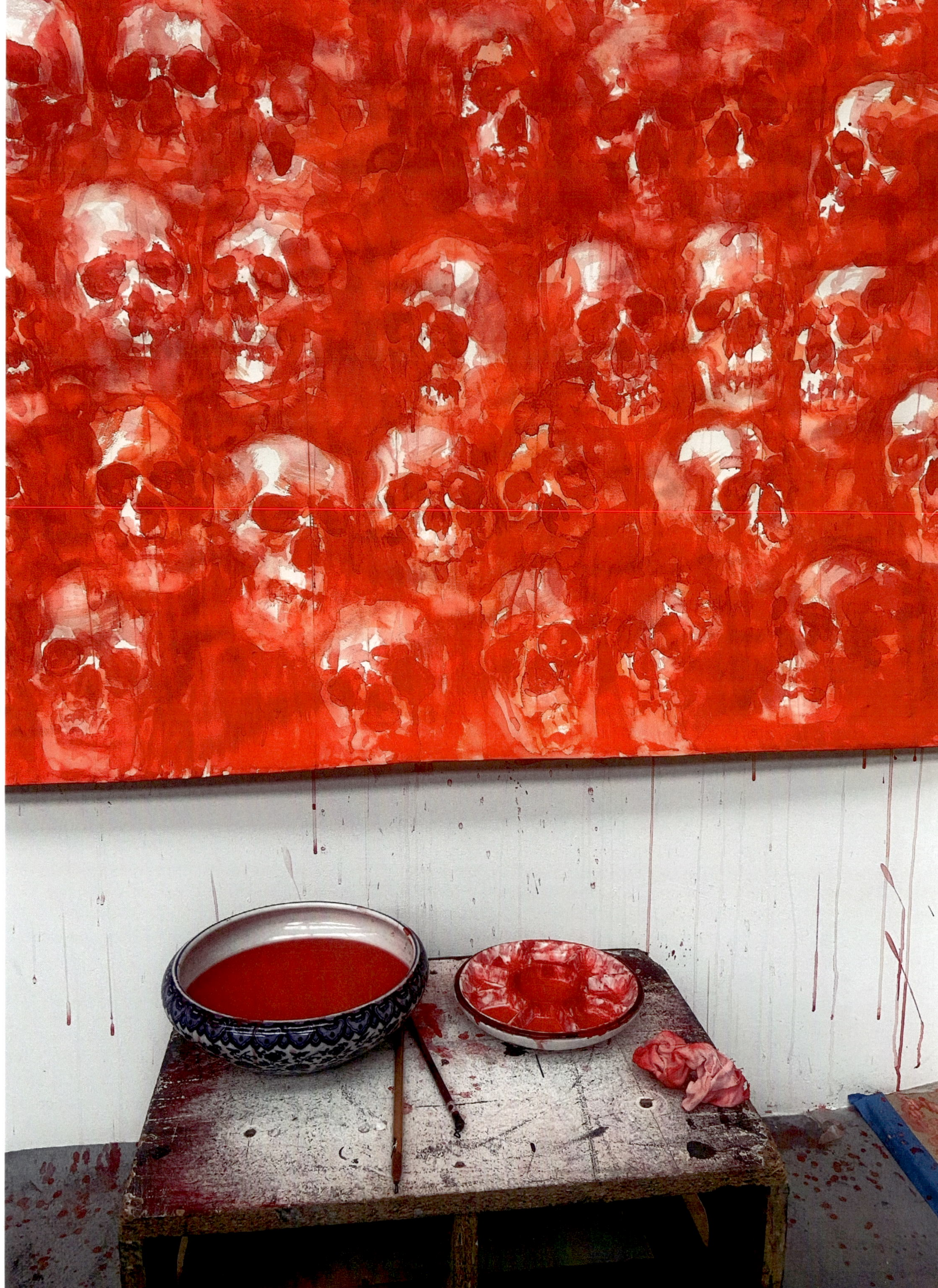

di genere che include scene dal quotidiano? Non sei ispirato da simili soggetti?

YPM — Non ne ho fatto nessuno. Ci penserò.

AG — Qual è il tuo rapporto con l'Italia? Hai soggiornato a Roma come borsista all'Accademia di Francia a Villa Medici nel 1993-1994, poi hai esposto proprio a Villa Medici nel 2016 in una mostra curata da un altro ex-borsista di Villa Medici, Henri Loyrette. Sarà stato un momento di grande emozione, questo ritorno in grande in un luogo che ti ha visto giovane studente.

YPM — Direi che ero un giovane borsista, più che un giovane studente. Quando ero ancora in Cina conoscevo l'Italia solo attraverso il ritratto di Monna Lisa e i dipinti di Michelangelo. Nel 1982, dopo il primo anno di Belle arti, ho fatto il mio primo viaggio con un amico. Siamo andati a Milano, Pisa, Venezia, Firenze, Roma. Abbiamo visitato musei e dormito in campeggio. A Venezia abbiamo passato la notte alla stazione ferroviaria. L'Italia è stata una scoperta che mi ha arricchito molto.
Dieci anni dopo, nel 1993-1994, sono tornato in Italia come borsista a Villa Medici, con mia moglie Beatrice e mia figlia di un anno. Questo mi ha permesso di realizzare un'opera monumentale: *Les 108 brigands* (I 108 briganti), costituita da centoventi ritratti, tutti realizzati ritraendo modelli. È stato un anno di lavoro sul genere del ritratto in cui ho conosciuto meglio Roma, i suoi musei, le sue chiese, i suoi luoghi di cultura e qualche buon ristorante. All'epoca facevo solo ritratti, soprattutto di persone all'interno di Villa Medici. Ritratti di italiani.
Quando sono tornato a Villa Medici nel 2016 per celebrarne il 350° anniversario, mi sono aperto all'Italia creando quadri legati alla storia del Paese e di Roma: papi, rivisitazioni dei quadri di Caravaggio a San Luigi dei Francesi, il ritrovamento del corpo di Aldo Moro, quadri in omaggio a film come *Mamma Roma* di Pasolini o *Roma città aperta* di Rossellini... È stato un grande piacere per me lavorare con Henri Loyrette. È una figura di spicco nel mondo dell'arte e conosce Roma come le sue tasche. È stato bello fare questo trionfale ritorno in Italia, in questa straordinaria e mitica istituzione nel cuore di Roma.

AG — Hai affermato che quella per Caravaggio a San Luigi dei Francesi è stata una «folgorazione». È sempre così?

exhibitions of original French paintings held in China. All the artists, students, and teachers from the Art Academy came. At the time, Chinese art was influenced solely by the academic painting of the Soviet Union. As for French painting, all we had seen were ugly black and white reproductions. The show was very successful and influenced a great number of Chinese artists during Deng Xiaoping's liberalization of China.
The subjects were very classic. I found the brushstrokes especially moving. It was the first time I saw these pictorial touches in real life. I spent a long time admiring the paintings. In retrospect, I think that this exhibition did influence my work, especially because it increased my interest and my desire to travel to France.

AG — You have measured yourself with every classic genre of painting: history painting, portraiture, self-portrait, still life (and *vanitas*), landscapes, and animal painting. You're only missing genre painting, the depiction of scenes from everyday life. Do you not find this type of subject inspiring?

YPM — I've never painted one. I'll think about it.

AG — What is your relationship with Italy? You lived in Rome when you were awarded a grant at Villa Medici by the French Academy in 1993–94, and in 2016 you participated in an exhibition, again at Villa Medici, curated by a former recipient of the French Academy grant, Henri Loyrette. This grand return to a place that welcomed you when you were a young student must have been a very emotional time for you.

YPM — I would say I was a young grant recipient, rather than a young student. When I was still in China, I was acquainted with Italy only through the *Mona Lisa* and Michelangelo's works. In 1982, after my first year of Fine Arts, I took my first trip to Italy with a friend. We traveled to Milan, Pisa, Venice, Florence, and Rome. We visited the museums and slept in campgrounds. In Venice, we spent the night at the train station. Italy was a discovery that I found very enriching.
Ten years later, in 1993–94, I returned to Italy, with my wife Beatrice and our one-year-old daughter, as the recipient of a grant at Villa Medici. This allowed me to produce a monumental work: *Les 108 brigands* (The 108 Brigands), composed of 120 portraits, all produced using models. It was a year of work focused on portraiture, in which I came to know the city of Rome, its museums, its churches and places of culture, as well as a few good restaurants. At the time, I

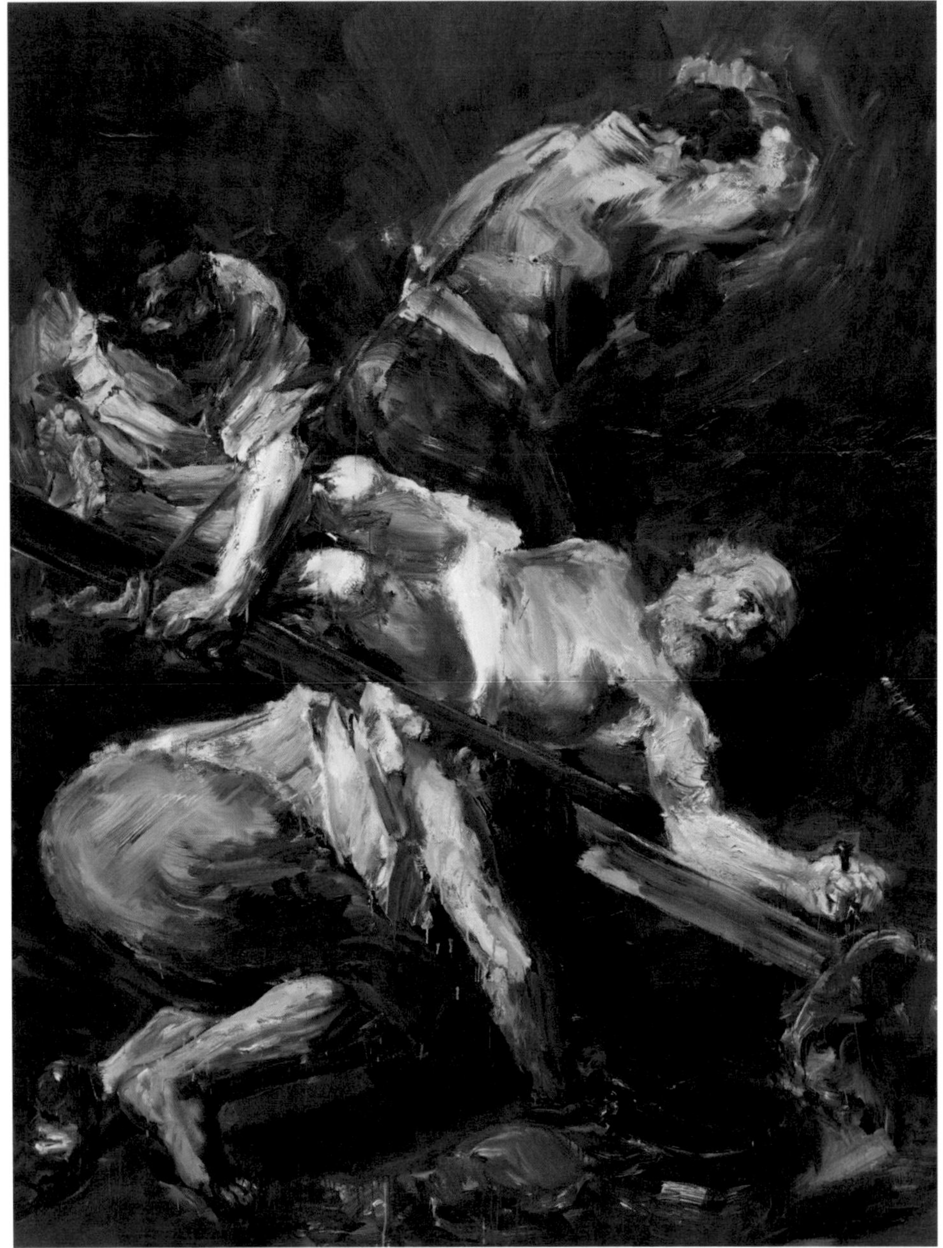

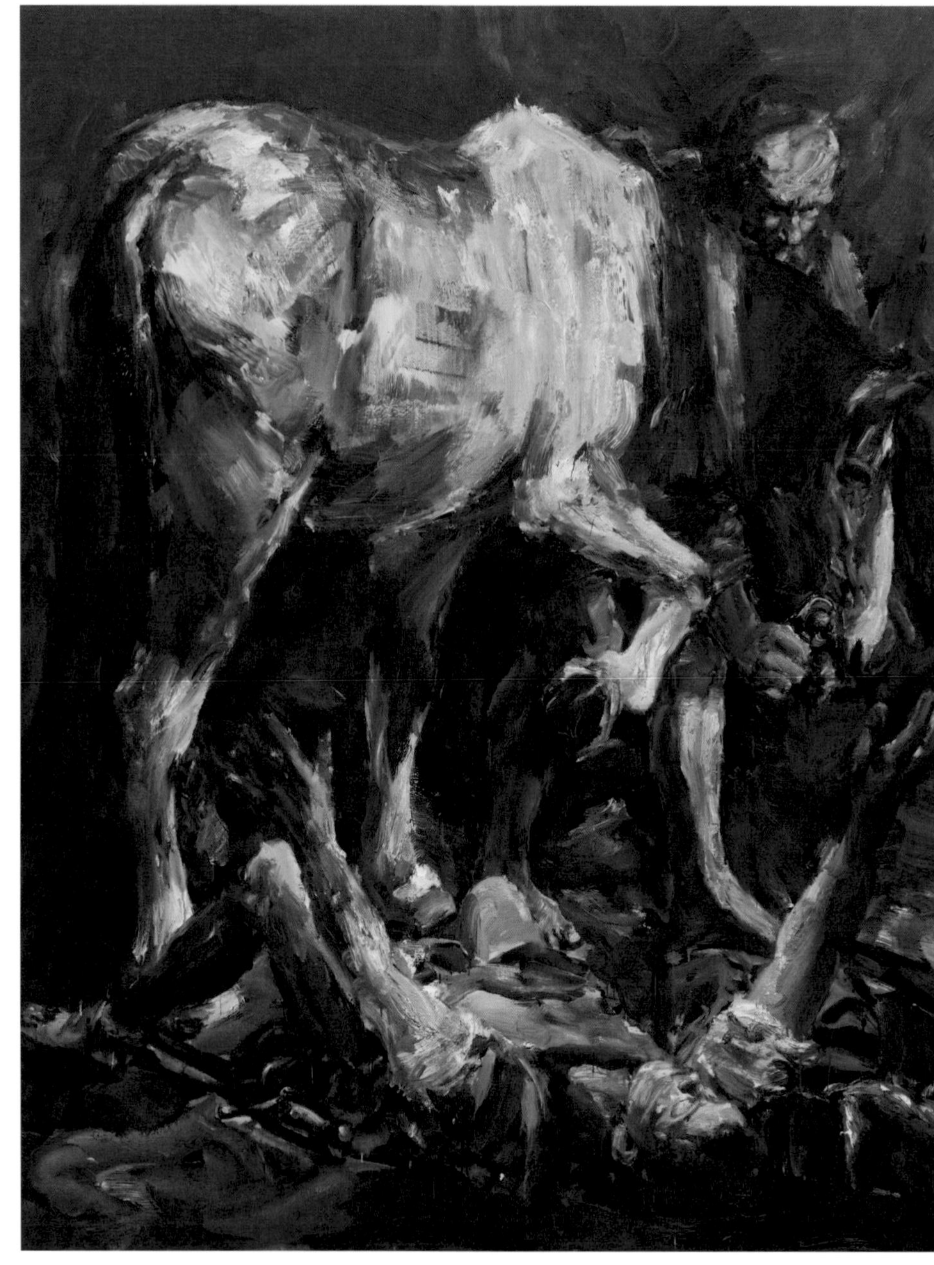

La Crucifixion de saint Pierre; *La Conversion de saint Paul, d'après Caravage*, 2015
dittico / diptych,
olio su tela / oil on canvas,
cm 230 × 176 ciascuno / each
Collezione privata / Private collection

YPM — È stata un'illuminazione sia fisica che spirituale. Per vedere l'opera a San Luigi dei Francesi bisogna inserire una moneta. Per qualche istante la cappella si illumina. Non si ha il tempo di vedere tutti i dettagli prima che la luce si spenga. È necessario quindi inserire nuovamente una moneta o aspettare che qualcun altro lo faccia. Sono stato molto colpito dalle due scene delle tele laterali, alle quali mi sono ispirato per i miei dipinti. Non si possono vedere contemporaneamente di fronte, ma solo di lato: quando si guarda il quadro di sinistra si dimentica quello di destra, e viceversa. Queste tele mi hanno dato un'altra lettura di Caravaggio. Ho scoperto molte cose mentre le dipingevo. Di fronte a un pittore come Caravaggio, siamo obbligati a essere umili.

AG — Quali altre parti d'Italia hai amato o ti hanno ispirato?

only painted portraits, especially of the people at Villa Medici. Portraits of Italians.
When I returned to Villa Medici in 2016 to celebrate its 350th anniversary, I opened myself up to Italy and created a number of paintings devoted to the country's history and that of Rome in particular: the Popes, reworkings of Caravaggio's paintings in the Church of San Luigi dei Francesi, the discovery of Aldo Moro's body, tributes to films such as Pasolini's *Mamma Roma* or Rossellini's *Roma Città Aperta*... Working with Henri Loyrette was a great pleasure for me. He is an important figure in the art world and he knows Rome like the back of his hand. It was great to make my triumphal return to Italy in this extraordinary, legendary institution in the heart of Rome.

AG — You have described your reaction to Caravaggio's work in San Luigi dei Francesi as a "revelation." Is that always the case?

La Vocation de saint Matthieu; *Le Martyre de saint Matthieu, d'après Caravage*, **2015**
dittico / diptych,
olio su tela / oil on canvas,
tela / canvas **1: cm 322 × 340,**
tela / canvas **2: cm 323 × 343**
Collezione privata / Private collection

YPM — Mi piacciono molto la Toscana e la Lombardia. Visitare i musei mi ha ispirato molto. In effetti, tutte le regioni hanno contribuito all'arte italiana.

AG — Qual è il tuo approccio ai grandi maestri del passato?

YPM — Mi sono nutrito di grandi maestri italiani fin da quando ero molto giovane: Caravaggio, Leonardo, Michelangelo, Raffaello, Tiziano... Per loro uso la pittura monocromatica. Non li affronto sul piano del colore, ma su quello dell'ombra e della luce, del formato, del gesto pittorico. Se mi occupo di soggetti eterni, li affronto in modo contemporaneo, come quando rappresento una crocifissione tratta dal film *Il Vangelo secondo Matteo* di Pasolini.

AG — Con che criterio scegli le opere che evochi? Empatico? Estetico? Formale?

YPM — It was a both physical and spiritual epiphany. To see the paintings at the Church of San Luigi dei Francesi you need to put in a coin. The chapel is lit up only for a few moments. You don't have enough time to make out all the details before the light goes out again. So you need to put in another coin or wait for someone else to do so. I was very impressed by the two scenes in the side paintings, from which I drew inspiration for my works: you can't see both of them full on at the same time; only from the side. When you look at the one on the left, you forget the one on the right; when you look at the one on the right, you forget the one on the left. These canvases offered me a new outlook on Caravaggio. I discovered many things as I was painting them. When measuring up to a painter like Caravaggio, we are forced to be humble.

AG — Which other parts of Italy do you like or find inspiring?

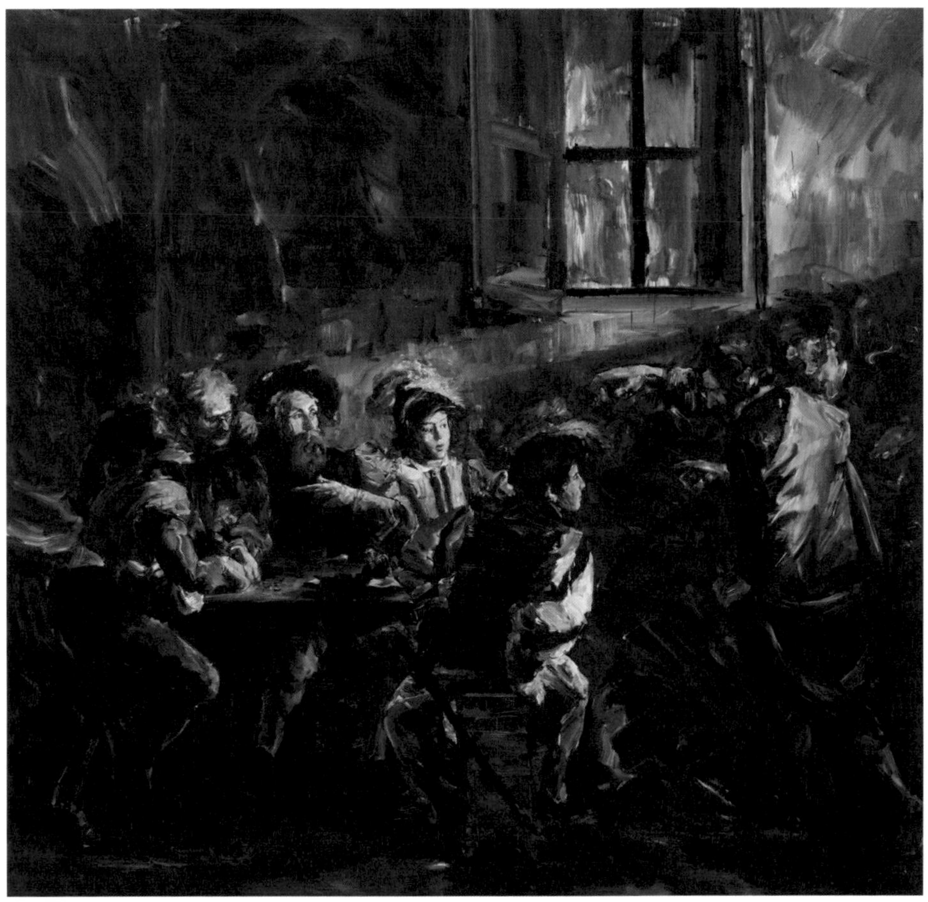

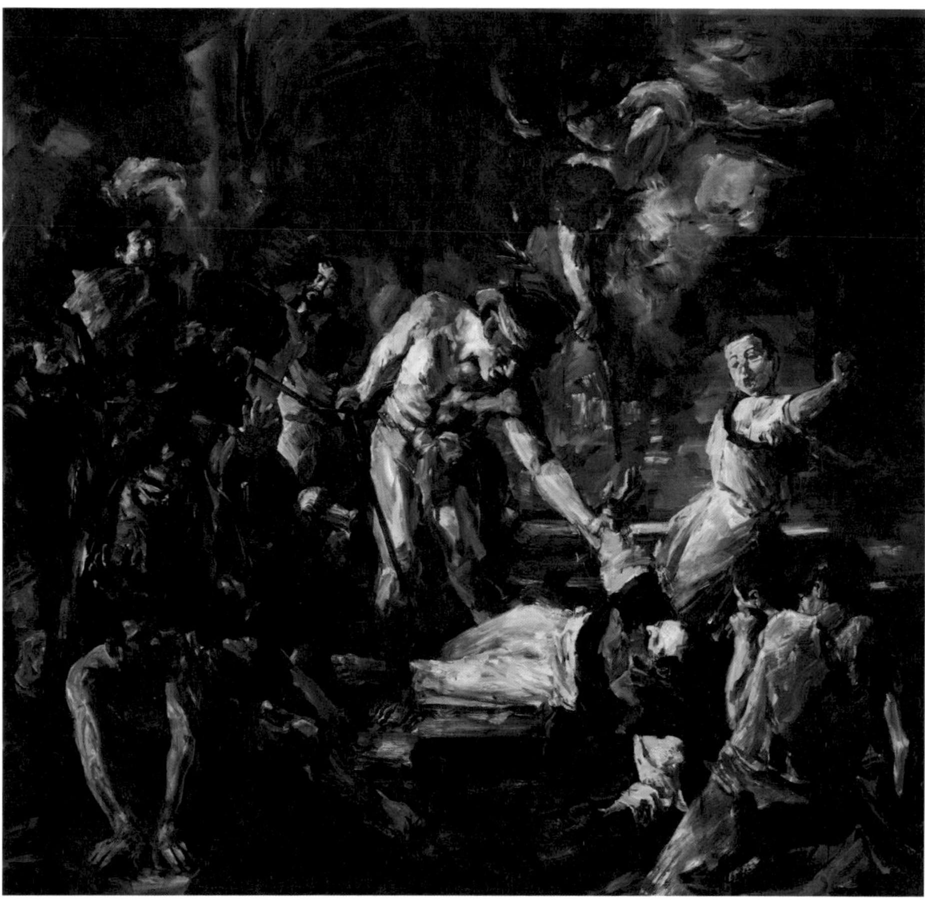

YPM — Mi piacciono i soggetti tragici perché li trovo eterni. L'empatia è un modo per esprimermi nella pittura. I soggetti che scelgo suscitano in me un'emozione immensa, come *El 3 de Mayo* di Goya. Mi chiedo: come può un uomo fucilare un altro uomo?

AG — E con altri artisti come Bacon? In mostra abbiamo il *Ritratto di papa Innocenzo X* di Velázquez. Ha avuto un peso per te l'ossessione che il dipinto ha rappresentato per Bacon?

YPM — Bacon dipinge *d'après* Velázquez e anch'io dipingo *d'après* Velázquez. Bacon trasmette un'emozione del dopoguerra: mostra l'angoscia dell'uomo, la sua tragedia... È una pittura forte sull'immagine, sulla pittoricità, sul colore, sulla deformazione. È uno dei miei pittori preferiti, è imprescindibile. Per me è più difficile dipingere *d'après* Bacon, preferisco dipingere *après* Velázquez. Sono rimasto affascinato quando ho scoperto i ritratti di papa Innocenzo X. Il colore è fantastico. Mi ha ispirato molto e volevo lavorare, come Bacon, *d'après* Velázquez.

AG — Il potere è al centro del tuo progetto *Game of Power* che comprenderà circa trecento ritratti di personaggi famosi, ma che è stato preannunciato dalla scelta di soggetti affrontati da artisti del passato, come *L'Empereur Napoléon 1er se couronnant lui-même*, dipinto da David, o il *Ritratto di papa Innocenzo X* di Velázquez. Da dove nasce il tuo interesse per il tema?

YPM — Fin da quando ero molto giovane, ho sempre realizzato ritratti legati al potere. All'epoca, in Cina, ho iniziato con la pittura di propaganda.
***Game of Power* è una serie in evoluzione che svilupperò nel corso degli anni. Potrebbero esserci trecento, quattrocento, cinquecento dipinti... Ne aggiungerò altri ogni anno.**
Per il resto, scelgo soggetti affrontati da grandi pittori che influenzano, e hanno influenzato, generazioni di pittori (come Velázquez).
Ciò che mi interessa, al di là del potere, è piuttosto la storia degli uomini di potere. La storia contemporanea diventa la storia di domani. Per esempio, quando dipingo l'arciduca Francesco Ferdinando, questo quadro evoca l'evento che ha causato la Prima guerra mondiale. La storia è fatta di conflitti ricorrenti.

AG — In molte tue opere parli di funerali. Sono immagini che danno anche una visione "fisica" della morte, un tema che affronti sia da un'ottica "privata"

YPM — I like Tuscany and Lombardy very much. I find visiting museums very inspiring. In fact, every region has contributed to Italian art.

AG — What is your approach to the great masters of the past?

YPM — I have found nourishment in the great Italian masters since a very early age: Caravaggio, Leonardo, Michelangelo, Raphael, Titian... It's because of them that I paint in monochromes. I don't measure myself with them on the level of color, but on that of shadow and light, of format, of the act of painting. If I deal with eternal subjects, I deal with them in a contemporary way, for example when I painted a crucifixion drawn from Pasolini's movie *Il Vangelo secondo Matteo* (The Gospel According to St. Matthew).

AG — What parameter do you use to choose the works that you reference? Empathy? Esthetics? Form?

YPM — I like tragic subjects because I believe they are eternal. Empathy is a manner in which I express myself in painting. The subjects I choose elicit a deep emotion in me, like Goya's *El 3 de mayo.* I ask myself: how can one man shoot another?

AG — What about other artists, such as Bacon? Velázquez's *Ritratto di papa Innocenzo X* (Portrait of Innocent X) is included in this exhibition. Was Bacon's obsession with this painting relevant for you?

YPM — Bacon painted *d'après* Velázquez, and I do too. Bacon conveys a post-war emotion: he shows the distress of humanity, tragedy, deformation... His paintings are powerful in their imagery, color, and distortion. He is one of my favorite painters; he is indispensable. For me it it's much more difficult to paint *d'après* Bacon; I prefer to paint *d'après* Velázquez. I was fascinated when I discovered his portraits of Pope Innocent X. The color is amazing. They inspired me greatly and, like Bacon, I wanted to work *d'après* Velázquez.

AG — Power is at the center of your *Game of Power* project, which will include about 300 portraits of famous people, but was anticipated by the choice of subjects depicted by artists of the past, such as *Napoléon se couronnant* (Napoleon Crowning Himself), inspired by David's canvas, or Velázquez's *Ritratto di papa Innocenzo X* (Portrait of Innocent X). What is the origin of your interest in the subject?

(i tuoi genitori, che riesci però a elevare a Storia), che "pubblica", rendendo esplicito il tuo "gusto del tragico". Come hai affermato: «La tragedia mi si addice perfettamente». Come convivi con questo mondo interiore?

YPM — Il giorno in cui ho capito che la morte era inevitabile, mi sono ribellato violentemente. L'ho capito molto presto, quando avevo circa cinque o sei anni. Le ansie cominciarono a farsi vive di notte, quando ero solo. Per prepararmi ad affrontare un giorno la mia morte, ho iniziato a interessarmi alla morte degli altri e delle persone a me care. Quest'ansia è permanente, a volte mi sfugge e poi ritorna. Ho tanta voglia di vivere. Questo crea un contrasto tra il desiderio di vivere, di essere eterno, pur sapendo che un giorno ci sarà la morte. Credere che la pittura renda eterni mi dà la forza di continuare a dipingere: mi dico che la pittura è eterna e la vita temporanea.

AG — Nella mostra abbiamo una sequenza di opere legate alla storia italiana più drammatica dell'ultimo secolo, riunite quasi in una trilogia: il corpo di Mussolini appeso a testa in giù assieme a quello della sua amante (29 aprile 1945); il ritrovamento del corpo di Pasolini (2 novembre 1975); il ritrovamento del corpo di Aldo Moro (9 maggio 1978). In tutti e tre i casi non è il momento della morte, ma quello in cui l'immagine della morte è stata mostrata al mondo. Spesso rappresenti funerali, ma in questi casi si tratta invece della dimensione "spettacolarizzata" di un evento storico: nessuno si ricorda le esequie pubbliche, mentre queste immagini sono entrate nell'immaginario collettivo.

YPM — Le immagini desunte dagli organi di stampa costituiscono una documentazione importante, a volte sono scatti di grandi reporter. Grazie alla pittura a olio l'immagine diventa un quadro, e questo le conferisce una qualità sacra. Ciò che mi interessa è lavorare sulla storia, in particolare su quella italiana, facendo emergere la forza della pittura. La scala gioca un ruolo importante: lo spettatore può entrare nel quadro, che è realizzato in un formato gigantesco. La morte è la tragedia dell'uomo, non possiamo essere indifferenti.

AG — La crocifissione è un tema ricorrente nelle tue opere. In che modo ti ha ispirato *Il Vangelo secondo Matteo* di Pasolini, considerando che hai anche dipinto la drammatica scena del ritrovamento del corpo del grande intellettuale?

YPM — Since a very early age, I have always produced portraits related to power. When I was young, in China, I began with propaganda painting.
Game of Power is an ever-evolving series that I will continue developing over the next few years. There might be three, four, or even five hundred paintings... I'll add new ones every year.
This aside, I choose subjects that have been tackled by great painters who have influenced, and still influence, generations of painters (like Velázquez).
What I'm interested in, aside from power, are the stories of men of power. Contemporary history becomes history in the future. For example, when I paint the Archduke Franz Ferdinand, this painting evokes the event that triggered WWI. History is made up of recurring conflicts.

AG — Many of your works deal with funerals. These are paintings that offer a "physical" image of death, a subject that you deal with from a "private" point of view (your parents, whom you have elevated to History), as well as a "public" one, rendering explicit your "taste for the tragic." As you said: "Tragedy suits me perfectly." How to you cope with your inner world?

YPM — The day I understood that death is inevitable, I reacted quite violently. I figured it out very early on, when I was about five or six. Anxiety overcame me at night, when I was alone. To prepare myself for the day of my death, I began to take an interest in the deaths of other people, of those close to me. This anxiety is permanent; sometimes it slips away and then returns. I have a great desire to live. This creates a clash between the desire to live, to be eternal, and knowing at the same time that one day death will come. My belief that painting renders eternal gives me the strength to continue working: I tell myself that painting is eternal while life is temporary.

AG — In this exhibition, there is a series of works that depict some of the most dramatic events of the past century of Italian history, brought together in a sort of trilogy: Mussolini's body hanging upside down next to that of his lover (April 29, 1945); the discovery of Pasolini's body (November 2, 1975); the discovery of Aldo Moro's body (May 9, 1978). All three capture not the moment of death, but the moment in which the image of death was shown to the world. You often depict funerals, but here we are dealing with the "spectacularized" version of a historic event: no one remembers the public services, while these images have entered the collective imagination.

I cadaveri di Benito Mussolini e Claretta Petacci a Piazzale Loreto, 29 aprile 1945 / The bodies of Benito Mussolini and Claretta Petacci in Piazzale Loreto, April 29th, 1945
Milano

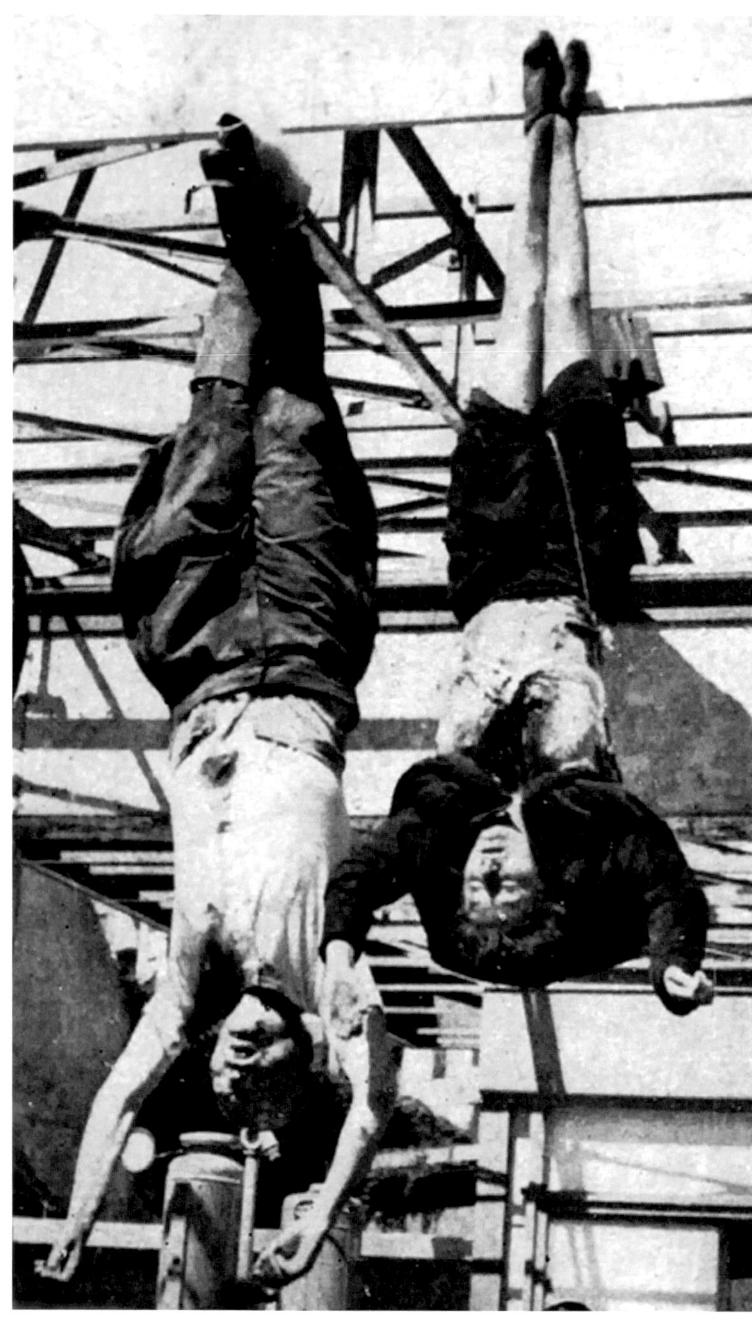

Ritrovamento del corpo di Aldo Moro in via Caetani, 9 maggio 1978 / Aldo Moro's body discovered in Via Caetani, May 9th, 1978
Roma, ANSA

Ritrovamento del corpo di Pier Paolo Pasolini all'Idroscalo di Ostia, 2 novembre 1975 / Pier Paolo Pasolini's body discovered at the seaplane base in Ostia, November 2nd, 1975
Roma, ANSA

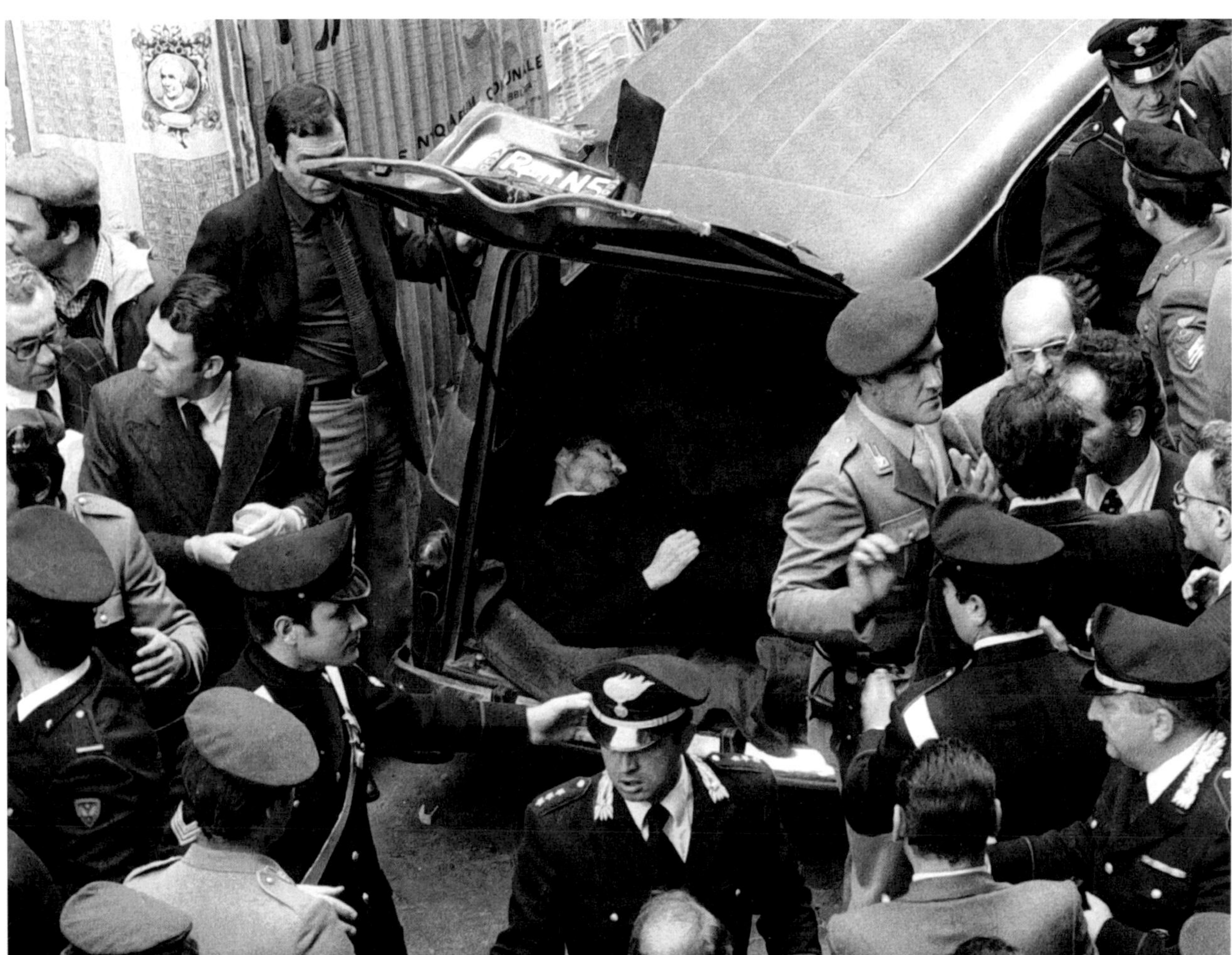

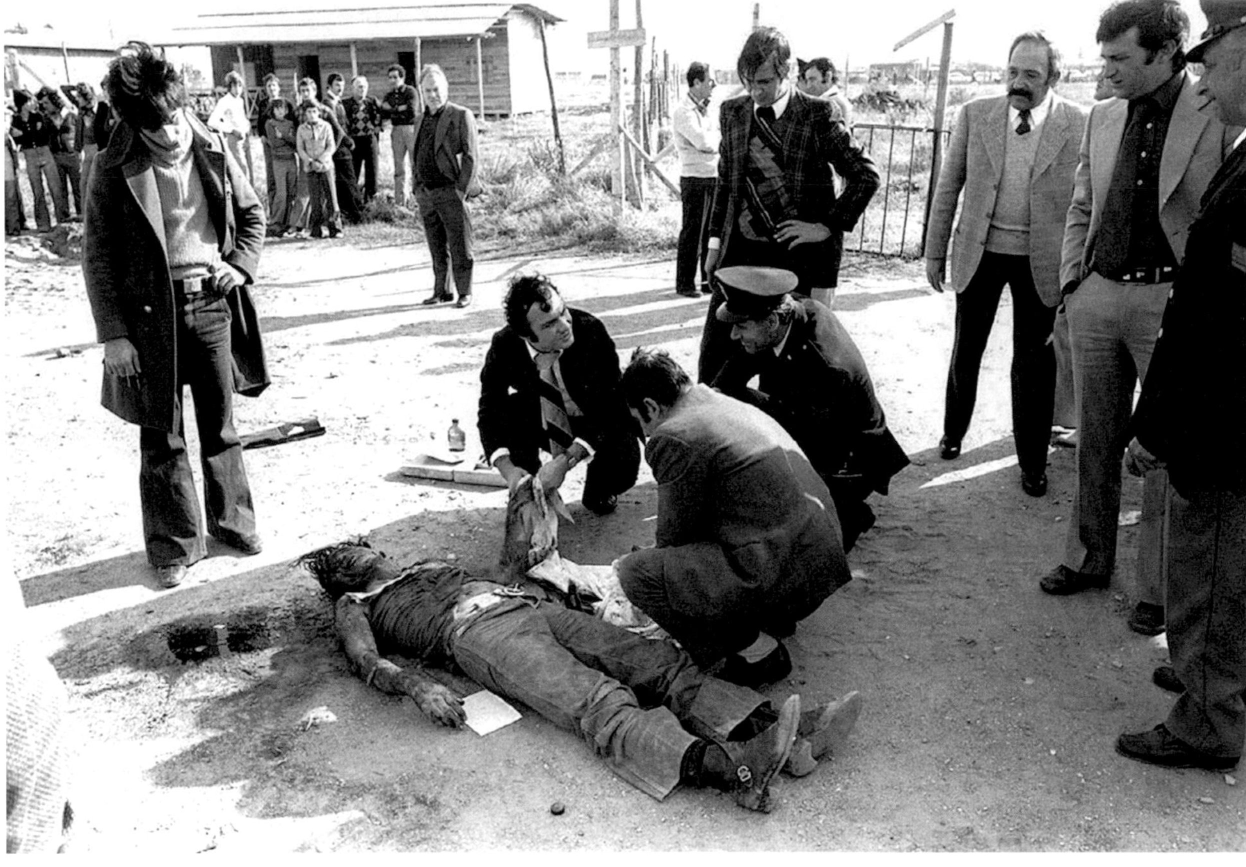

YPM — Il film è straordinario. La presenza della *Crucifixion* (Crocifissione) e della scena del ritrovamento del corpo di Pasolini nella stessa sala crea una tensione visiva nella mostra. Ho voluto rendere omaggio alla grandezza di questo grande uomo e personaggio.

AG — Come affronti la storia dell'oggi? In mostra abbiamo due trittici (hai utilizzato, dunque, un formato antico), uno raffigura *Vladimir Putin, Tsar of the New Russia* (Vladimir Putin, zar della nuova Russia) a cui hai affiancato più recentemente *Volodymyr Zelensky & the Spirit of Ukraine* (Volodymyr Zelensky e lo spirito dell'Ucraina). Un pittore che oggi affronta temi politici dovrebbe prendere una posizione?

YPM — Il trittico *Vladimir Putin, Tsar of the New Russia* (2008) è stato realizzato quando ho visto una copertina del «Time» del 2007. Ho reagito immediatamente: «Questo è il mio soggetto». A Palazzo Strozzi ci sono due piccole sale. Volevo esporre quest'opera, ma non avevo motivo di farlo. Quando ho visto Zelensky sulla copertina del «Time» nel 2022 ho capito come le due opere potessero scontrarsi. L'arte della pittura è già un impegno. Faccio una dichiarazione, mi esprimo nel quadro, lo mostro agli spettatori e poi sta a loro reagire. Piango i nostri tempi e allo stesso tempo sono felice di vivere in questo mondo. Siamo tutti di passaggio, mentre la terra continuerà a girare.

AG — Cosa significa oggi essere un pittore di storia?

YPM — Essere un pittore di storia contemporanea significa diventare un pittore di Storia (in assoluto) in pochi anni.

AG — Secondo l'oroscopo cinese sei nato sotto il segno del Topo. Hai mai dedicato opere all'animale del tuo o di altri segni zodiacali cinesi?

YPM — Ho già realizzato un dipinto con i topi, ma mai con uno solo. Ne ho dipinti diversi, in una sorta di fogna. I ratti sono sempre in famiglia. Ho dipinto anche altri animali dell'astrologia cinese (Cane, Tigre, Scimmia, ecc.). Recentemente, ho ridisegnato per Hennessy *La grande course*, la gara dello zodiaco cinese con i dodici animali. Il Topo è arrivato primo nella sfida indetta da Buddha per stabilire l'ordine degli animali dei dodici anni del ciclo lunare. Si trattava di attraversare un fiume, e il Topo è arrivato primo.

YPM — The images drawn from the press are very important documents, sometimes the work of great reporters. Thanks to the oils, the image becomes a painting, endowing it with an aura of sacredness. I am interested in working on history, especially Italian history, which allows us to perceive the power of painting. Size plays an important part: the viewer can "enter" the painting produced in a gigantic format. Death is the tragedy of humanity; we cannot be indifferent.

AG — The crucifixion is a recurring theme in your works. How were you influenced by Pasolini's *Il Vangelo secondo Matteo* (The Gospel According to St. Matthew), considering that you also painted the dramatic scene of the discovery of this great intellectual's body?

YPM — The movie is extraordinary. The presence, in the same room, of the *Crucifixion* and of the scene of the discovery of Pasolini's body creates a visual tension in the exhibition. I wanted to celebrate the greatness of this remarkable man and public figure.

AG — How do you deal with contemporary history? In this exhibition, there are two triptychs (an ancient format): one of these depicts *Vladimir Putin, Tsar of the New Russia,* alongside whom you have more recently decided to display *Volodymyr Zelensky & the Spirit of Ukraine.* Does a painter who tackles political themes today necessarily have to take sides?

YPM — I produced the triptych *Vladimir Putin, Tsar of the New Russia* (2008) when I saw a *Time* magazine cover in 2007. I had an immediate reaction: "This is my subject!" There are two small rooms in Palazzo Strozzi. I wanted to show this work, but I had no reason to do so. When I saw Zelensky on the cover of *Time* in 2022, I saw how the two works could confront one another. The art of painting is already a form of involvement. I make a statement, I express myself in my work, I show it to viewers, and then it's their turn to react. I mourn for our times, and at the same time I am happy to live in this world. We are all just passing through, while the Earth will continue to rotate.

AG — What does it mean to be a history painter?

YPM — Being a painter of contemporary history means you become a painter of (absolute) History in the matter of a few years.

AG — According to the Chinese zodiac, you were born under the sign of the Rat. Have you ever devoted works

AG — Il mondo animale rappresenta un filone importante delle tue opere. Quando hai cominciato a dipingere animali?

YPM — Il primo animale che ho dipinto è stata una tigre negli anni novanta.

AG — Tigri, lupi, coccodrilli, cani feroci, avvoltoi. Come scegli i soggetti?

YPM — Quando ero bambino a Shanghai, ogni anno in primavera andavamo allo zoo. Fu lì che vidi per la prima volta un grosso felino: era infatti una tigre! Adoro i felini, animali feroci e indomabili. La maggior parte di loro è in via di estinzione. Il giorno in cui non ci saranno più animali, l'uomo vivrà la peggiore delle tragedie.

AG — Qual è il significato di *À l'est d'Eden*?

YPM — Il titolo dell'opera si riferisce alla citazione biblica della *Genesi*, capitolo 4: «Caino si allontanò dal Signore e visse nel paese di Nod, a est dell'Eden». Nel mio dipinto gli animali sono fuori dal paradiso e stanno combattendo tra loro.

AG — Come affronti tecnicamente le tue opere? Il tuo è un gesto ampio, rapido, fatto di pennellate riconoscibili. Come procedi nel tuo lavoro?

YPM — Prima ho un'idea, poi dipingo direttamente sulla tela. Tecnicamente, è molto aleatorio. Cerco di domare la pittura. Mi esprimo liberamente: per ogni quadro seguo esigenze e tecniche pittoriche diverse. Nella pittura c'è un'evoluzione a lungo termine, risolvo sempre ogni quadro in modo diverso.

AG — Hai affermato: «La pittura non è una carezza» e la frase è perfettamente comprensibile pensando sia alla vibrante potenza delle tue pennellate, che ai temi forti e spesso drammatici che affronti: più percosse che gesti affettuosi.

YPM — I soggetti drammatici mi interessano sempre. È come quando si guarda un film drammatico: dopo lo spettacolo ci si interroga. Ogni spettatore vuole percepire una sensazione. Per questo dico che «la pittura non è una carezza». L'idea è quella di esprimere, di mostrare un sentimento, una sensazione, attraverso la pittura. «La pittura non è una carezza» significa che mi piace il gusto

to your sign or to the other animals of the Chinese zodiac?

YPM — I have made a painting with rats, but not with just one. There are many of them, as if it were a sewer. Rats always come in families. I have painted other animals of the Chinese zodiac, too: Dog, Tiger, Monkey, etc.
I recently produced a drawing of *La grande course* for Hennessy, with all twelve animals of the Chinese zodiac. The Rat came in first in the race convened by Buddha to establish the order of the animals in the twelve years of the lunar cycle. They had to cross a river, and the Rat came in first.

AG — You have dedicated a great amount of work to the animal kingdom. When did you begin painting animals?

YPM — The first animal I painted was a tiger in the 1990s.

AG — Tigers, wolves, crocodiles, fierce dogs, vultures. How do you choose your subjects?

YPM — When I was young, in Shanghai, every year, in spring, we went to the zoo. That was where I saw a big feline for the first time: it was a tiger! I love felines: they are fierce and untamable. Most of them are endangered. When there are no animals left, humanity will experience the worst of its tragedies.

AG — What is the meaning of *À l'est d'Eden*?

YPM — The title refers to a quote from *Genesis*, chapter 4: "Cain left the Lord's presence and settled in the land of Nod, east of Eden." In my painting, the animals are outside of Eden and they are fighting among themselves.

AG — What is your technical approach to your work? You work with broad, rapid, recognizable brush strokes. How do you structure your work?

YPM — First I have an idea, then I paint directly on the canvas. Technically speaking, it's very random. I try to tame the medium. I express myself freely: for each painting, I follow different impulses and employ different pictorial techniques. In painting there is a long-term evolution, I always develop each painting differently.

AG — You have said: "Painting is not a caress" and this is easily understood both in terms of the vibrant strength of your brush strokes, and of the powerful, often dramatic

La grande course, **2021**
trittico / triptych,
olio su tela / oil on canvas,
cm 350 × 600
France, Hennessy Collection

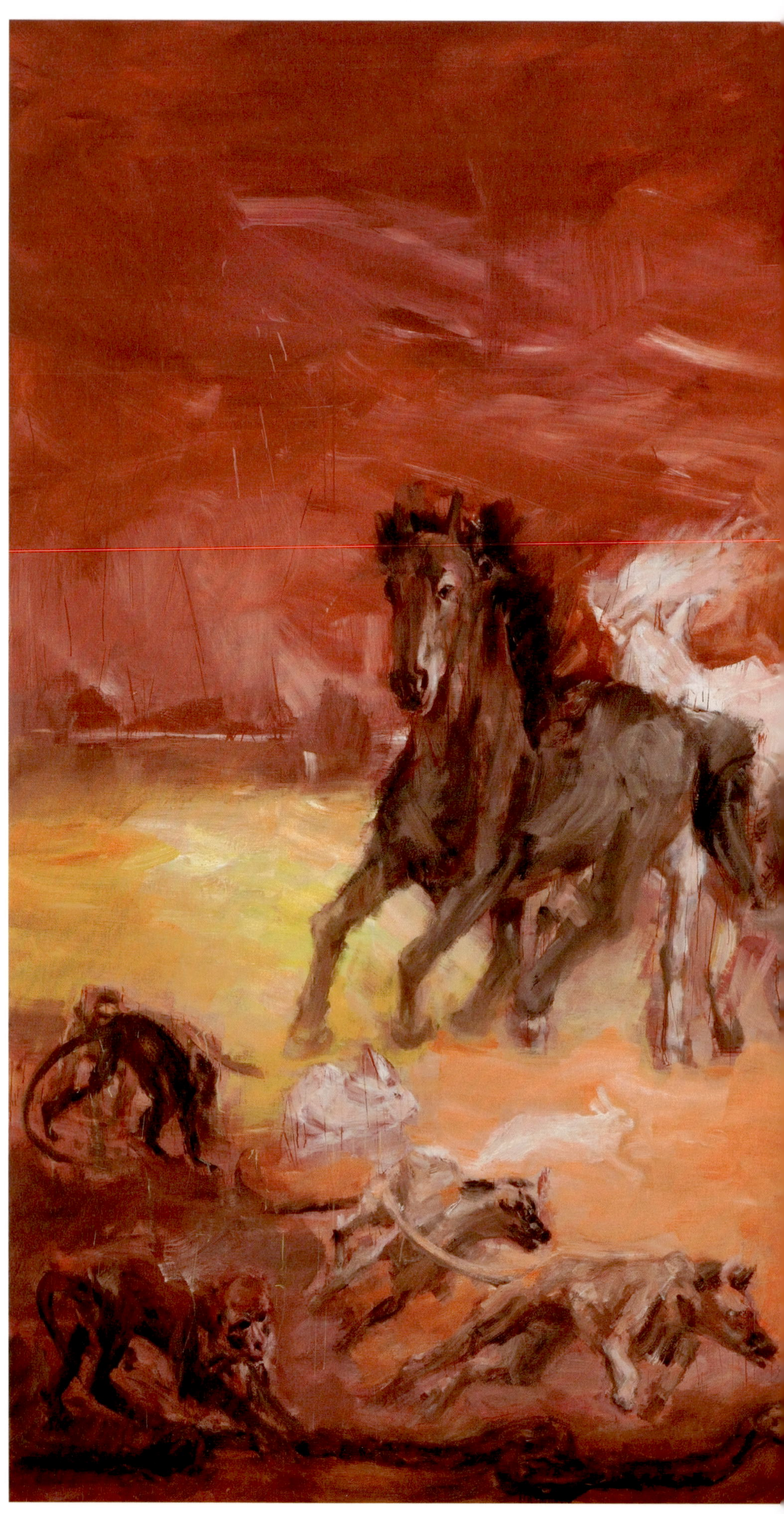

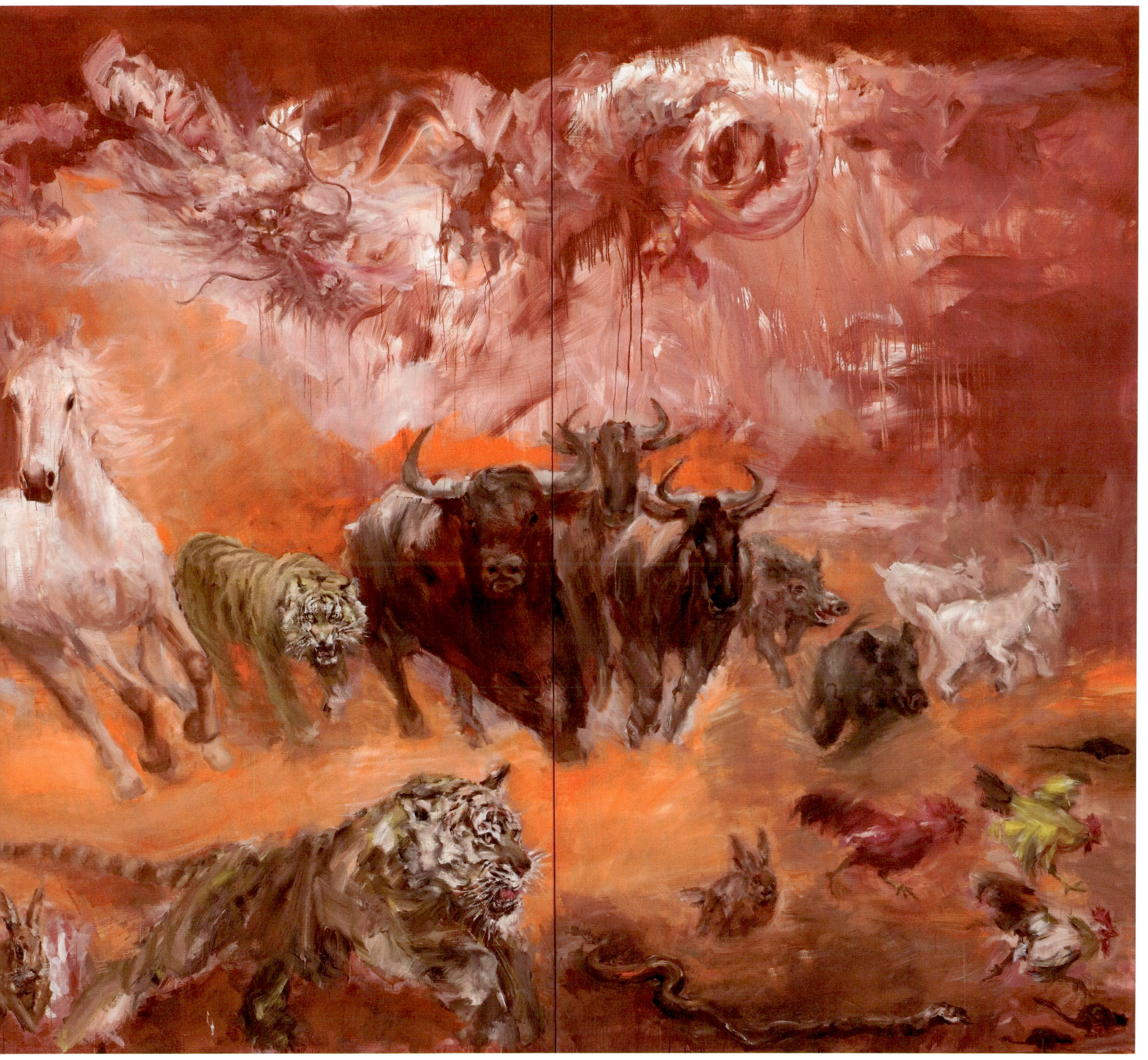

Andy Bianchedi, Arturo Galansino e Yan Pei-Ming con la *maquette* di Palazzo Strozzi, aprile 2023
Andy Bianchedi, Arturo Galansino and Yan Pei-Ming with the *maquette* of Palazzo Strozzi, April 2023
Dijon

pungente. Non dipingo mai in salsa agrodolce. Ma l'empatia è sempre nella pittura, anche se il gesto è drammatico, violento.

AG — Perché hai scelto d'ispirarti al quadro di Hubert Lanzinger che raffigura Adolf Hitler come antico guerriero teutonico, simbolo del potere, ma a cui i militari americani in una furia iconoclasta forarono l'occhio, confiscando in seguito l'opera e portandola a Washington, dove è conservata allo United States Army Center of Military History?

YPM — Francesco Bonami mi ha mostrato questo quadro, che all'epoca mi ha molto colpito e interessato. In seguito ho fatto delle ricerche. Ispirarsi a quest'opera significa ricreare l'epoca dei pittori di propaganda tedeschi. Mostra anche il periodo della Seconda guerra mondiale. Non è un quadro realistico, è più un quadro di propaganda... Quando i soldati americani l'hanno scoperto hanno forato la tela sotto l'occhio. Volevo anche io dare l'impressione che la tela avesse un buco, mettendo una macchia nera sul volto di Hitler.

AG — Perché hai voluto l'opera nella stessa sala dell'immagine di Mussolini?

YPM — È per parlare della storia della Seconda guerra mondiale. Non l'ho vissuta, ma l'abbiamo studiata a scuola, nei documentari, sui libri... Così ho fatto una constatazione: la Seconda guerra mondiale è il disastro della nostra umanità. Spero di non vedere mai, nel corso della mia vita, una terza guerra mondiale. Ho questa consapevolezza che hanno tutti gli esseri viventi: la paura di essere uccisi. Ho tanta voglia di vivere. E che il mondo sia in pace. La nostra generazione tende a credere che non vedremo mai una guerra di questa portata... Faremo di tutto per evitarla.

AG — In che modo ti ha ispirato lavorare a Palazzo Strozzi?

YPM — Palazzo Strozzi è un luogo mitico, un riferimento assoluto nel mondo dell'arte contemporanea. Per questa mostra ho creato una dozzina di nuove opere. Ho pensato molto a come muovermi nelle diverse sale di Palazzo Strozzi, guardando la *maquette*, e a come collegare ciascuna delle sale tra loro.

subjects you choose: more like a beating than an affectionate gesture.

YPM — I am always intrigued by dramatic subjects. It's like when you watch a drama movie: after the show, there's a debate. Each viewer wants to experience a sensation. This is why I say that "painting isn't a caress." My idea is to express, to display a feeling, a sensation, through painting. "Painting isn't a caress," means that I appreciate a sharp flavor. My paintings are never bitter sweet. But there is always empathy in painting, even when the gesture is dramatic, violent.

AG — Why did you choose to draw upon Hubert Lanzinger's painting that depicts Adolf Hitler as an ancient Teutonic warrior, a symbol of power, his eye perforated in iconoclastic fury by the US army, who then confiscated the work and sent it to the United States Army Center of Military History in Washington, D.C.?

YPM — Francesco Bonami showed me this propaganda painting, and at the time I was deeply impressed and interested. So I did some research. Drawing upon this painting implies recreating the times of the German propaganda painters. It also depicts WWII. It's not a realistic painting, it's more of a propaganda painting... When the US soldiers found it, they made a hole in the canvas right under the eye. I wanted to reproduce the impression of this hole so I added a black stain on Hitler's face.

AG — Why did you decide to hang this piece in the same room as the painting of Mussolini?

YPM — It's to speak of the history of WWII. I didn't experience it personally, but we studied it in school, in documentaries, in books... I realized that WWII was the disaster of our humanity. I hope I will never experience, in my lifetime, a third world war. I share this with all living beings: the fear of being killed. I have a strong desire to live. And for the world to be at peace. Our generation tends to believe we will never see a war of this magnitude... We will do all we can to avoid it.

AG — How did working at Palazzo Strozzi inspire you?

Palazzo Strozzi is a legendary place, an absolute polestar in the world of contemporary art. I produced a dozen new pieces for this exhibition. I thought a lot about how to move through the different rooms, looking at the *maquette* and trying to figure out how to establish a connection between the ten halls.

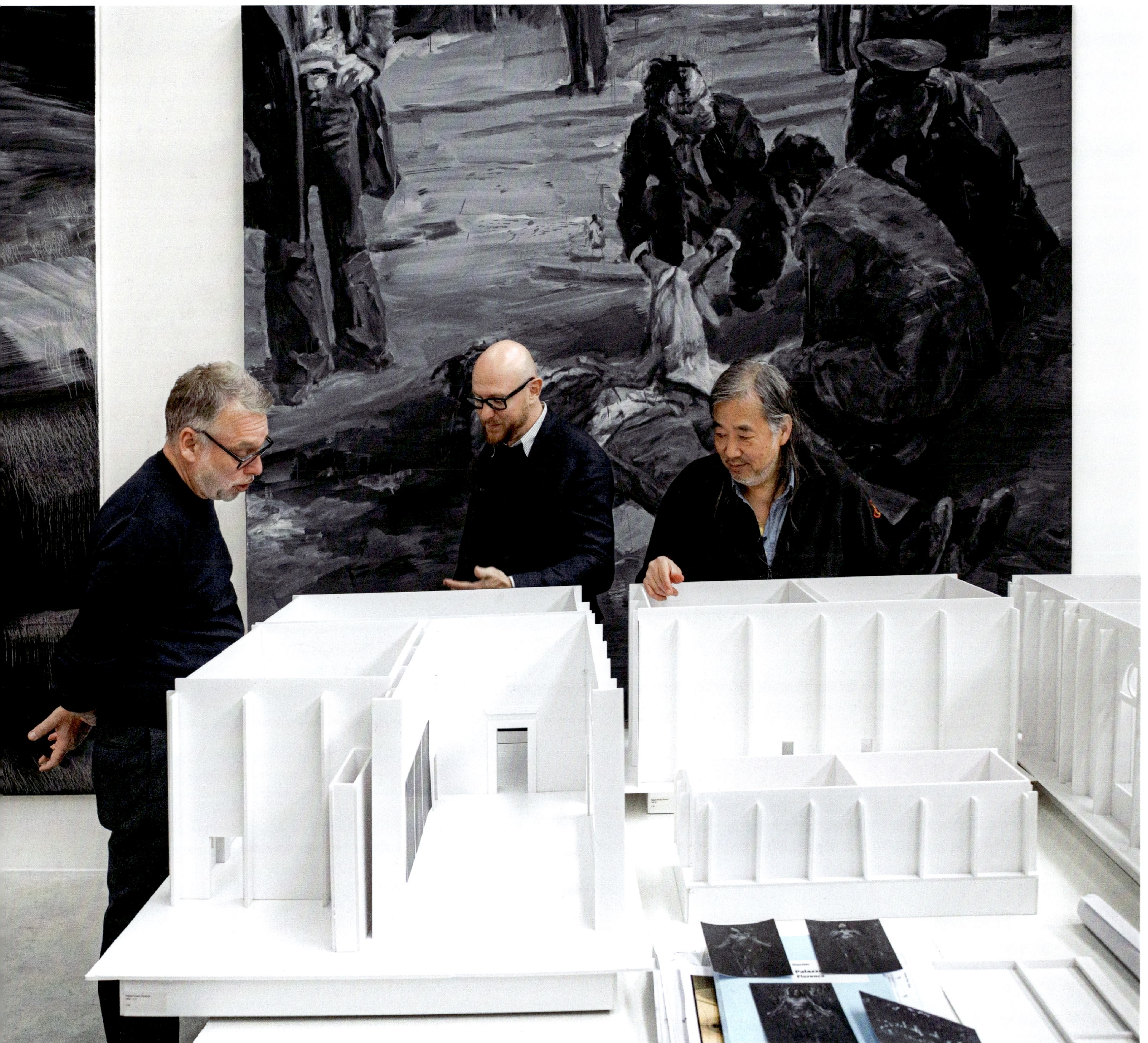

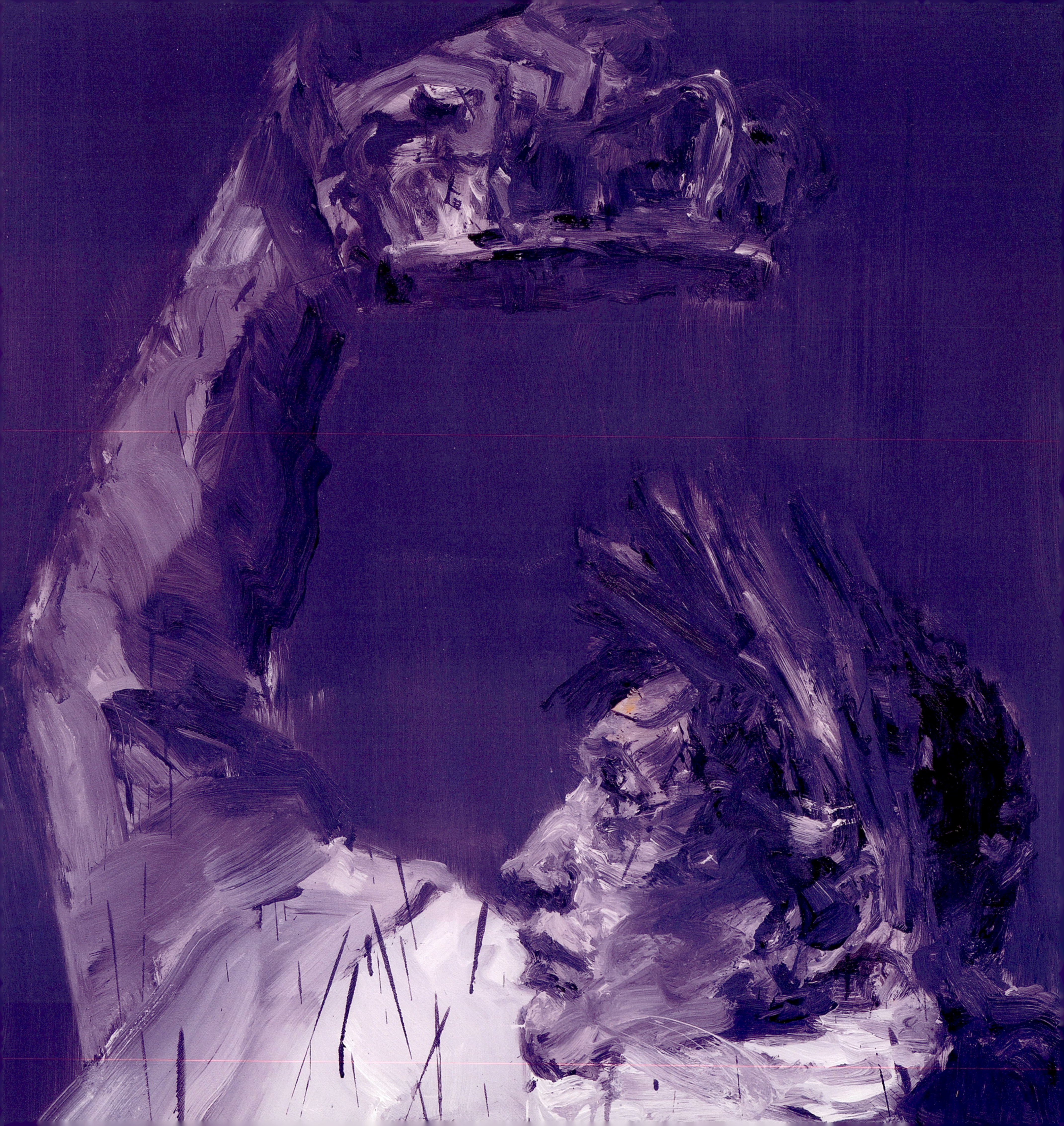

PITTORE DI STORIE
PAINTING HISTORIES

NOM D'UN CHIEN !

NOM D'UN CHIEN !

«Il ritratto è come uno specchio, riflette chi siamo, cosa siamo»

Gli autoritratti, potenti e intensi, hanno un ruolo insostituibile nell'arte di Yan Pei-Ming e rivelano, come per tutti gli artisti, il suo pensiero e la sua sensibilità. In *Nom d'un chien ! Un jour parfait* (Porca miseria! Un giorno perfetto), titolo originato dall'esclamazione di un critico davanti all'opera, il pittore si rappresenta frontalmente, a figura intera, in pose che evocano la crocifissione, uno dei temi dell'iconografia cristiana che affronta di frequente, anche per la sua volontà di costituire un esempio di sincretismo culturale tra Oriente e Occidente.
Nel trittico monumentale sceglie dunque di impersonare sia Gesù che i ladroni, di eliminare le croci pur mantenendo la tradizionale posizione dei piedi e, per queste figure che galleggiano in uno spazio indefinito, di sostituire il perizoma con degli anacronistici pantaloncini jeans. I pugni chiusi con energia, portati al petto nella tela centrale, evocano un'emersione dagli abissi alla superficie, quasi in cerca di aria per respirare.
Nella sala è presente anche un carrello su cui l'artista ha stratificato i residui di vernice delle opere: costituisce dunque un compendio di oltre venticinque anni del suo lavoro, una specie di ritratto tridimensionale che rappresenta anche in modo concreto, strato dopo strato, il tempo che passa.

"A portrait is like a mirror, it reflects who we are, what we are"

Powerful and intense self-portraits have a unique standing in Yan Pei-Ming's art; as for all artists, they reveal his thought process and his sensitivity. *Nom d'un chien ! Un jour parfait* (Dammit! A Perfect Day), a title that originates from an exclamation by a critic standing before this canvas, is a frontal, full length self-portrait, in which the subject's pose evokes the crucifixion, one of the themes drawn from Christian iconography frequently explored by the painter as part of his attempt to establish a cultural syncretism between East and West.
In this monumental triptych he therefore chooses to impersonate Christ as well as the two thieves, and he eliminates the crosses while preserving the traditional position of the feet. The figures are floating in an indefinite space, the classic loincloth replaced by anachronistic cut-off jeans. The tightly clenched fists which the central figure brings to its chest evoke the idea of surfacing from a great depth, as if seeking air.
There is a cart, too, in this room, to which the artist has applied layers of paint left over from his paintings: it is a digest of more than twenty-five years of work, a tridimensional portrait of sorts, which also concretely represents the passing of time, layer upon layer.

NOM D'UN CHIEN !
UN JOUR PARFAIT

2012
trittico / triptych
olio su tela / oil on canvas
cm 400 × 280 ciascuno / each
Collezione privata / Private collection

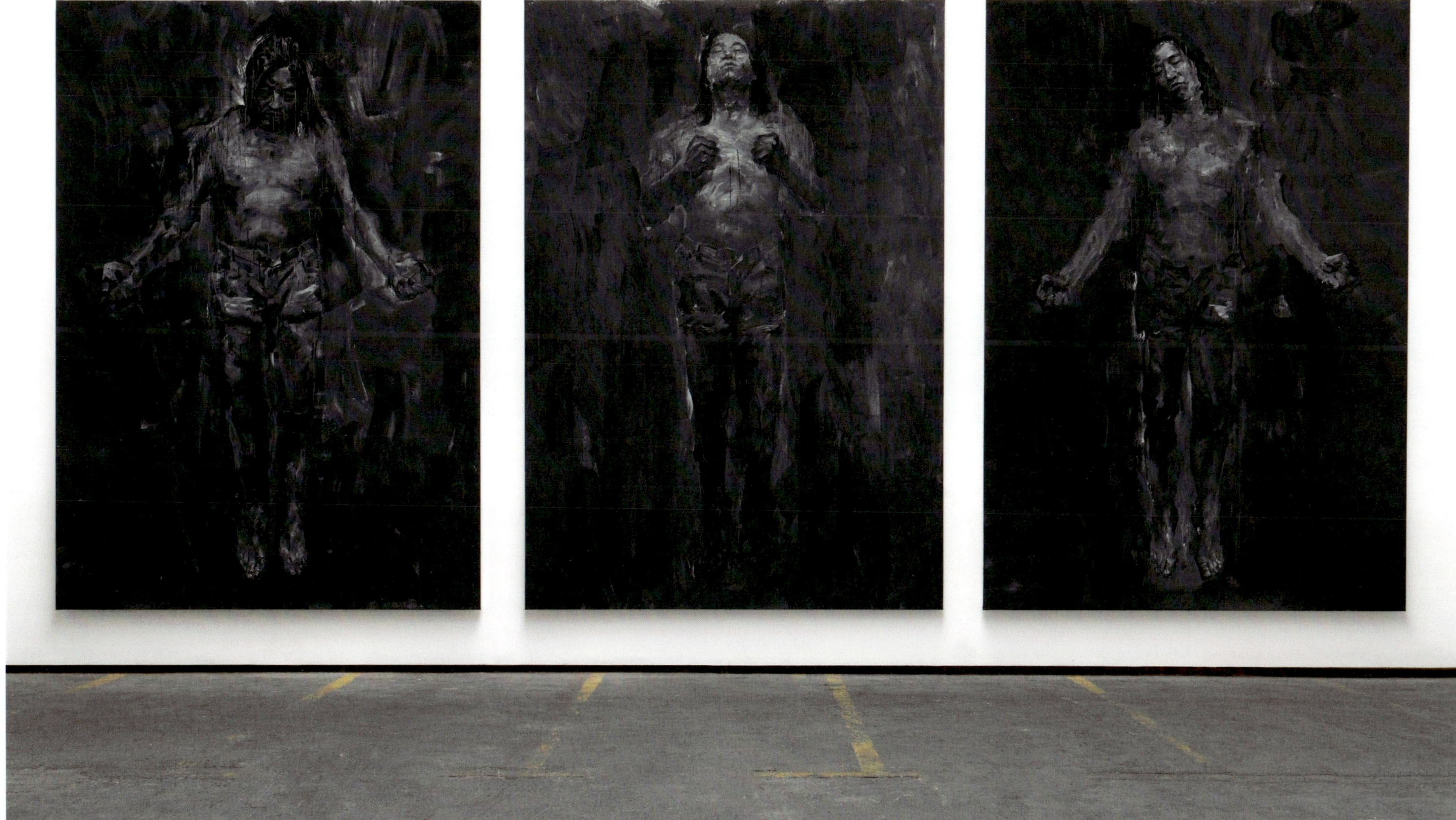

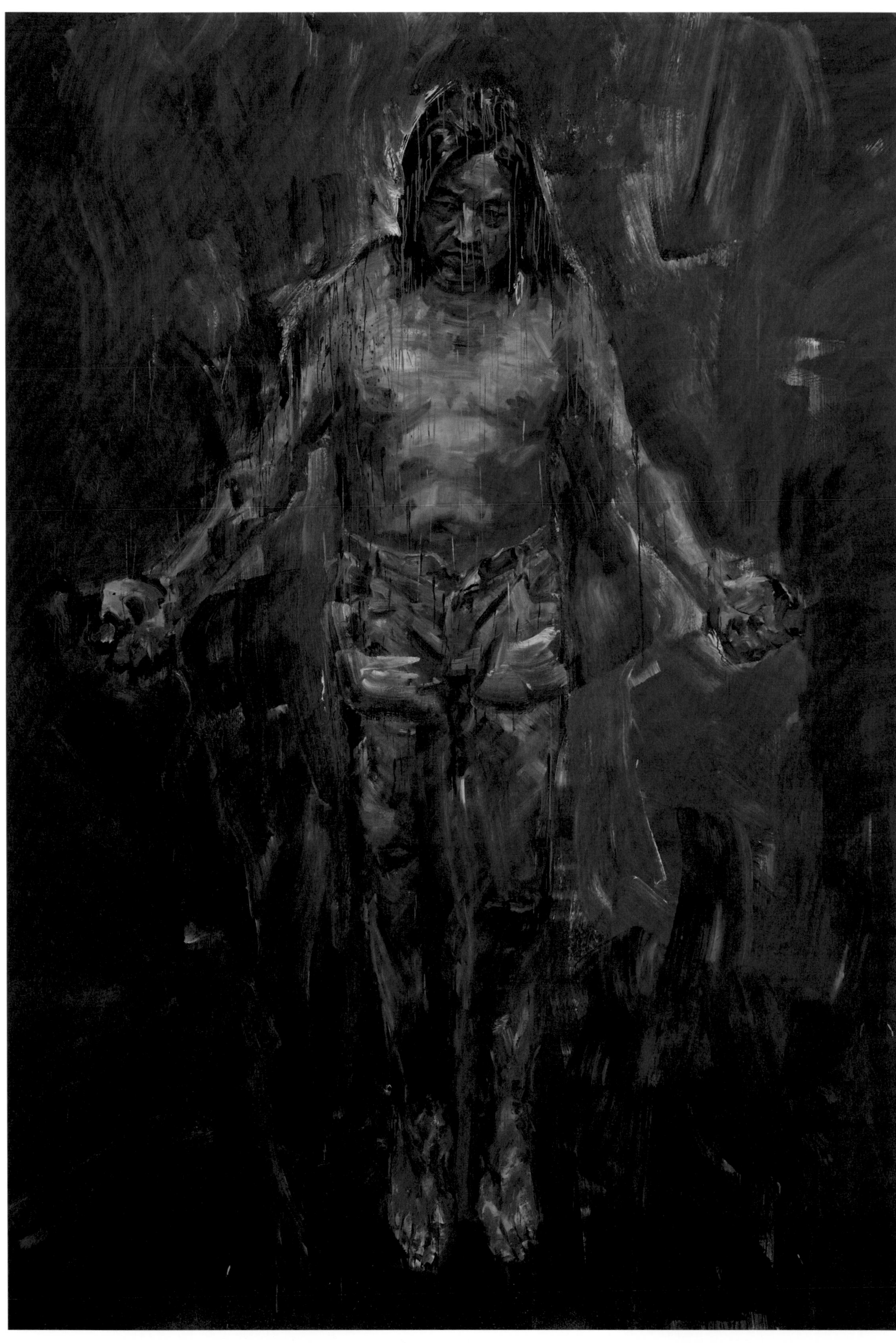

NOM D'UN CHIEN !
UN JOUR PARFAIT
(tela / canvas **1)**

2012
trittico / triptych
olio su tela / oil on canvas
cm 400 × 280
Collezione privata / Private collection

NOM D'UN CHIEN !
UN JOUR PARFAIT
(**tela** / canvas **2**)

2012
trittico / triptych
olio su tela / oil on canvas
cm 400 × 280
Collezione privata / Private collection

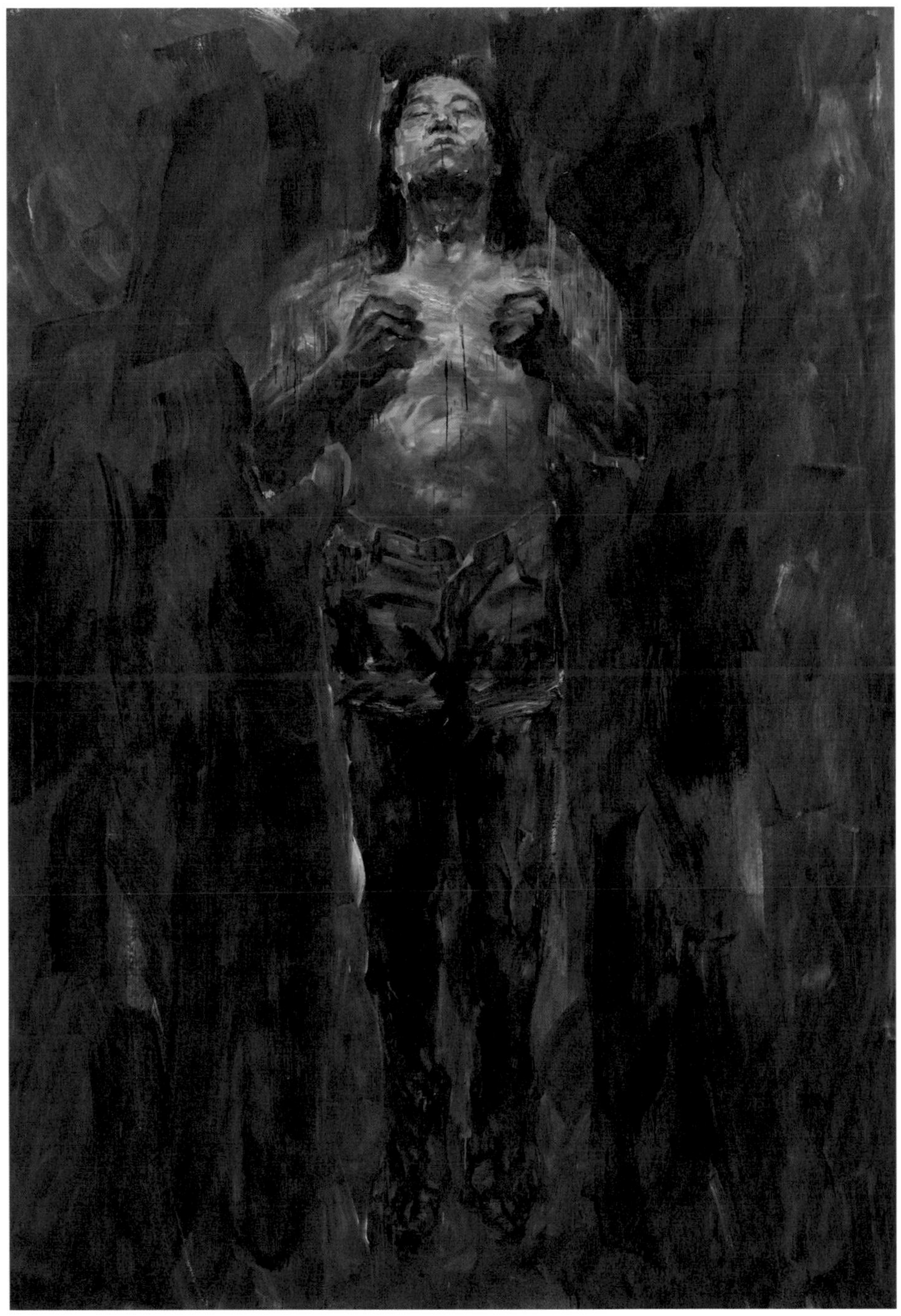

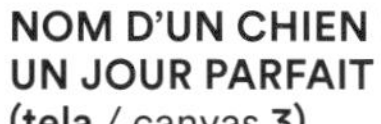

NOM D'UN CHIEN !
UN JOUR PARFAIT
(**tela** / canvas **3**)

2012
trittico / triptych
olio su tela / oil on canvas
cm 400 × 280
Collezione privata / Private collection

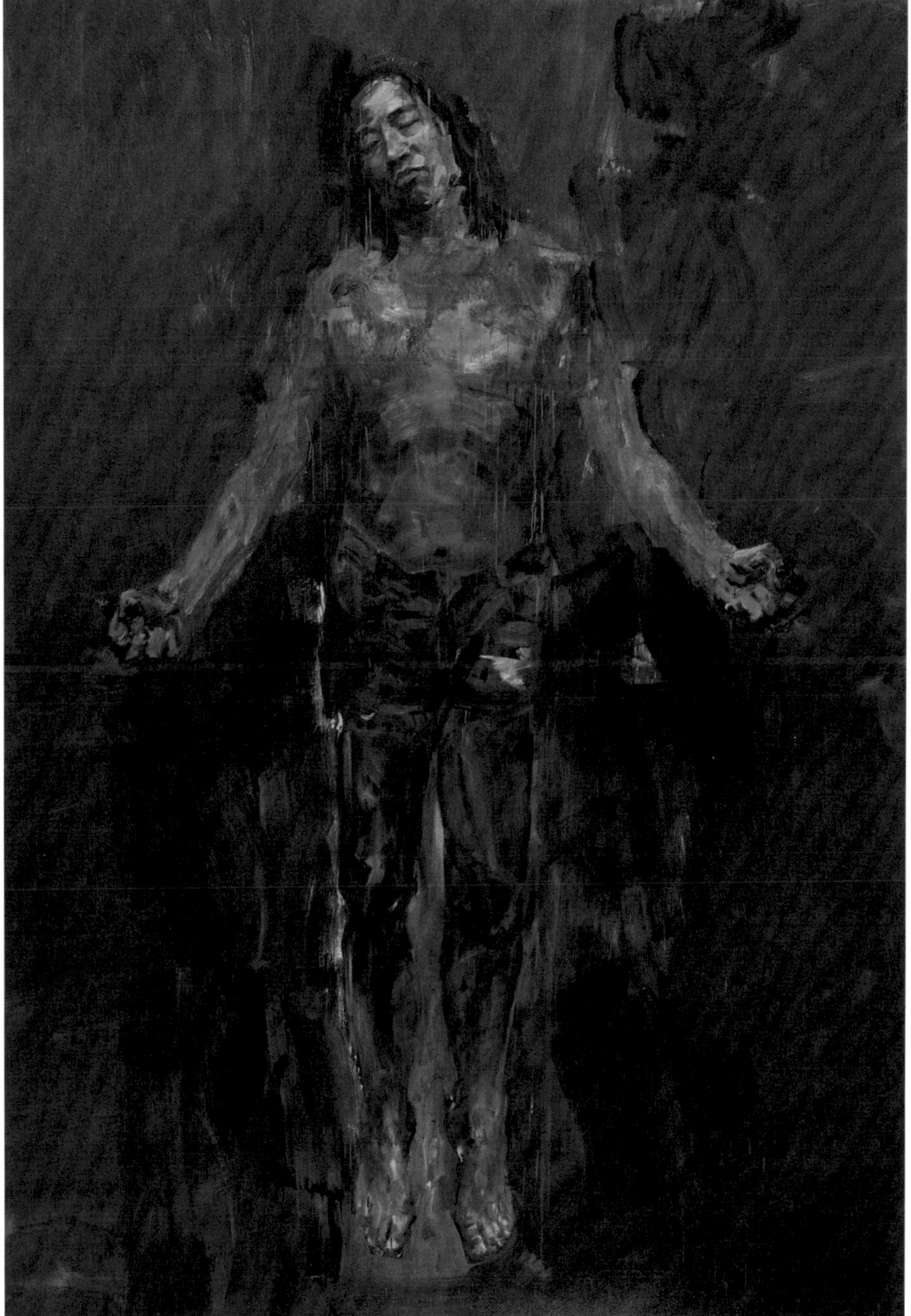

PER MIA MADRE
FOR MY MOTHER

«Il ritratto è il centro del mio universo»

I ritratti sono spesso legati al privato di Yan Pei-Ming, come quelli della madre, cui ha dedicato, quando era viva, un solo dipinto, riservandole, dopo la morte avvenuta nel 2018, opere di formato monumentale che rappresentano un omaggio sentito e una testimonianza del suo affetto filiale. Anche l'attenzione dell'artista per la figura di Buddha costituisce un atto di ossequio nei confronti di lei, profondamente religiosa, e insieme un ricordo nostalgico dell'infanzia: «Sin da piccolo sono stato attratto da tutto ciò che riguarda il buddhismo» spiega «perché sono nato in un tempio e ho respirato la cultura buddhista da subito». Ed era destinato alla madre il primo Buddha che ha dipinto da bambino, poiché durante la Rivoluzione culturale, con la repressione del culto, queste immagini erano proibite e il piccolo Yan Pei-Ming ne dipingeva per i parenti. Ricordando la religiosità materna, da adulto ha ricominciato a rappresentare la figura di Buddha in serie, come riferimento alla successione delle sculture nei templi. Il delicato scenario, invece, rappresenta «un paesaggio ideale, una specie di paradiso, dove vorrei che mia madre vivesse».

"Portrait is the center of my universe"

Yan Pei-Ming's portraits are often related to his private life. An example of this are his depictions of his mother, whom he portrayed only once while she was alive. After her death in 2018, he produced a series of monumental works that are a heartfelt tribute to her memory and bear witness to his filial affection. The artist's focus on the figure of the Buddha is also an act of obeisance towards his mother, a profoundly religious woman, as well as a nostalgic recollection of his childhood: "I've been attracted by everything that concerns Buddhism since I was very young," he explains, "because I was born in a temple and was enveloped in Buddhist culture from the very first moment." The first Buddha he painted as a child was for his mother; during the Cultural Revolution, worship was banned and these images were forbidden, so the young Yan Pei-Ming painted them for his relatives. As an adult, recalling his mother's piety, he began to produce figures of the Buddha in series, evoking the rows of sculptures lining Buddhist temples. The delicate scenery instead represents "an ideal landscape, a kind of paradise, where I would like my mother to live."

MA MÈRE

2018
olio su tela / oil on canvas
cm 350 × 350
Collezione privata / Private collection

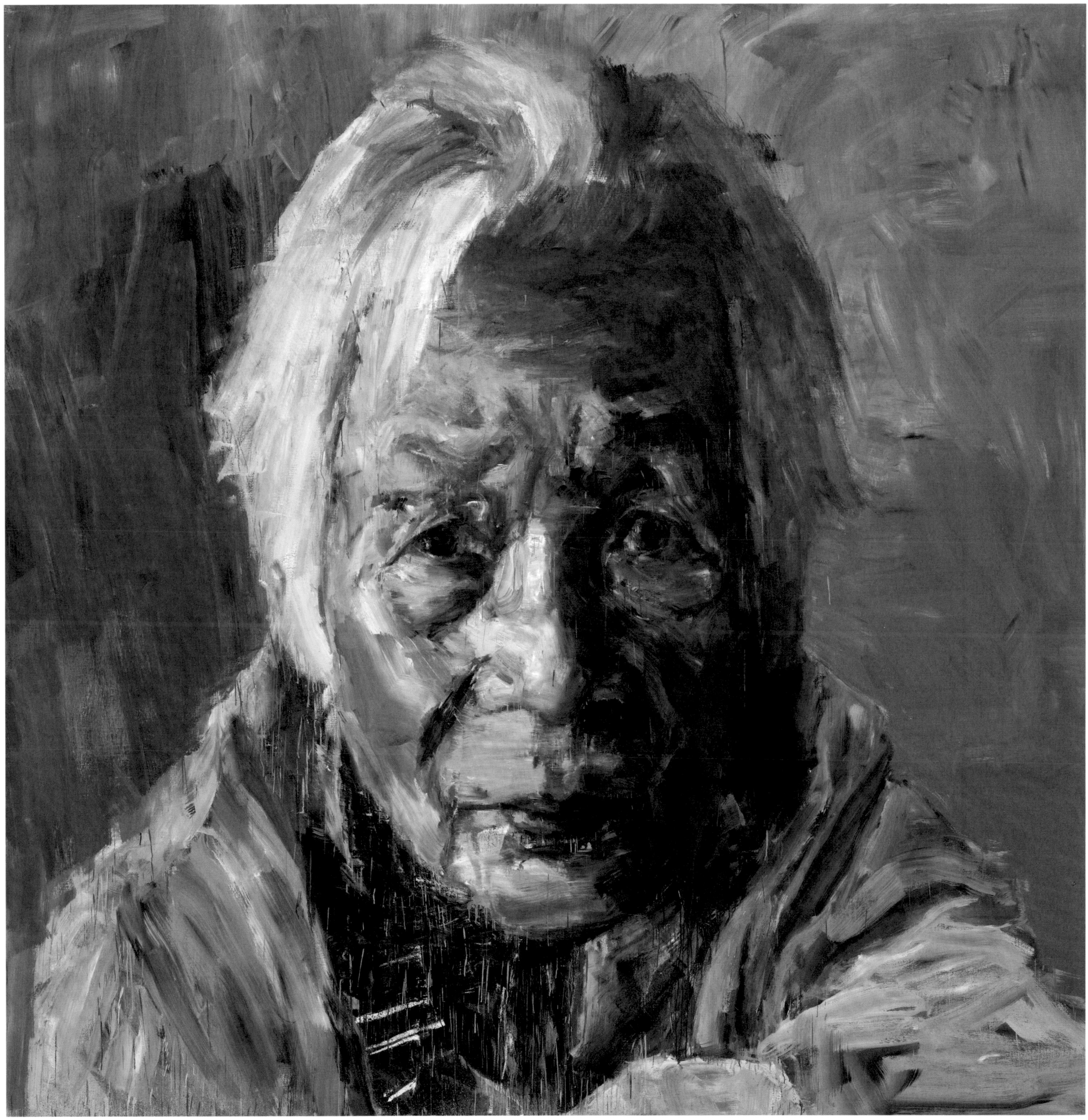

PARADIS CÉLESTE
POUR MA MÈRE

2023
olio su tela / oil on canvas
cm 280 × 280
Courtesy MASSIMODECARLO
e / and **Thaddaeus Ropac gallery**

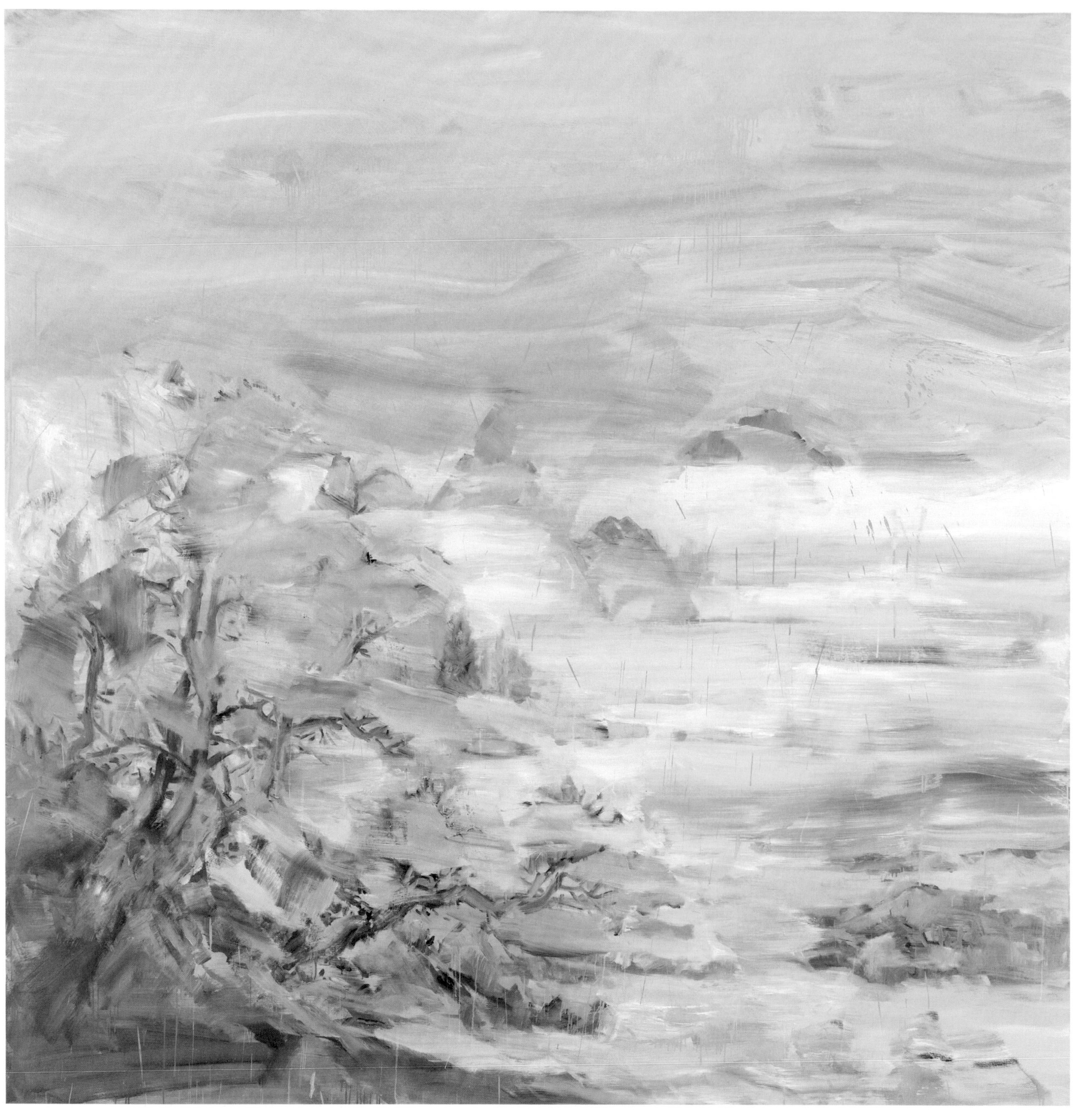

BOUDDHA POUR MA MÈRE

2023
olio su tela / oil on canvas
cm 300 × 200
Courtesy MASSIMODECARLO
e / and **Thaddaeus Ropac gallery**

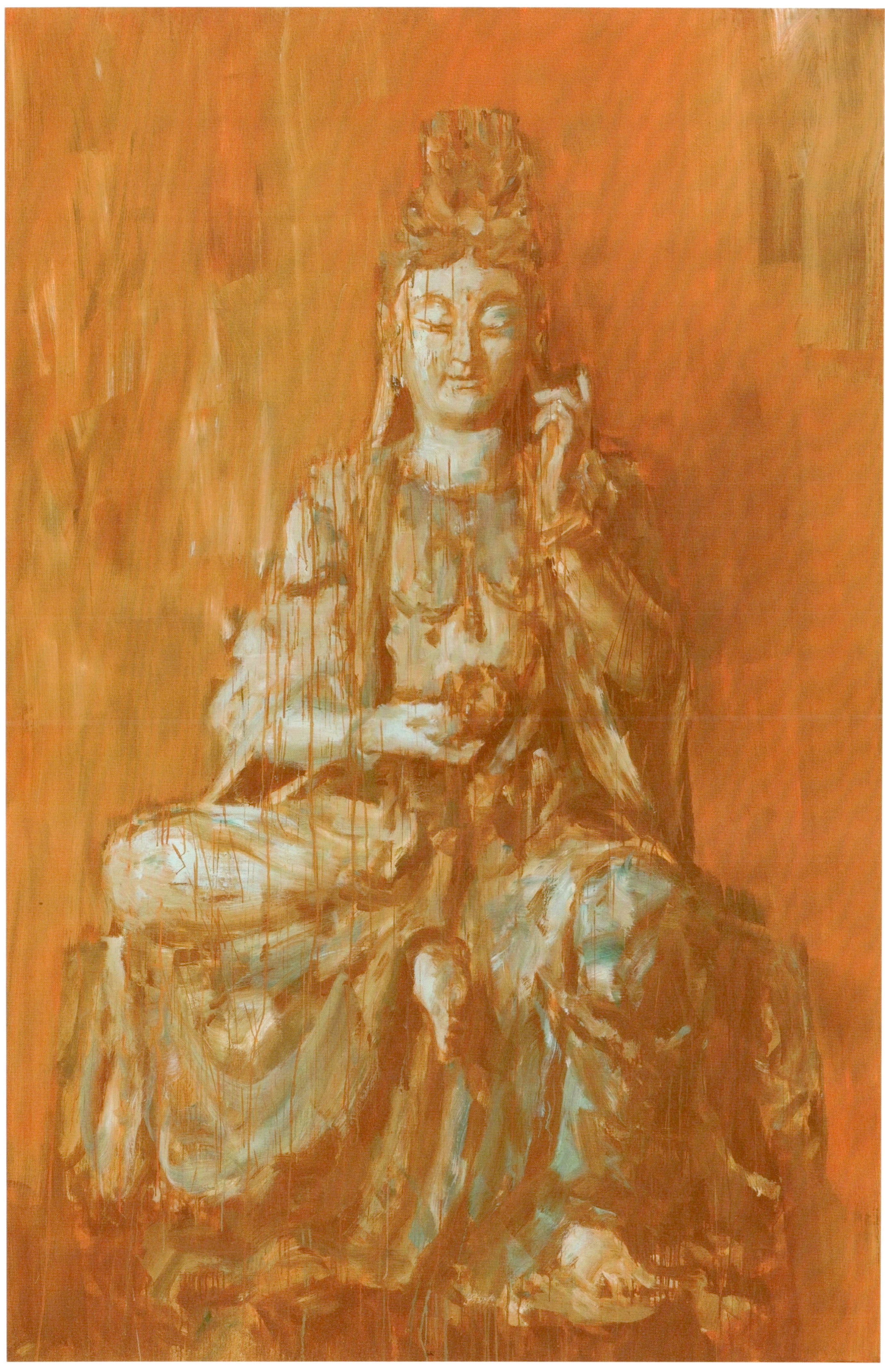

MONNA LISA
MONA LISA

«Il funerale di Monna Lisa significa seppellire Monna Lisa. Monna Lisa è un mistero, come la morte stessa»

Mentre viveva ancora in Cina, Yan Pei-Ming conosceva dell'arte occidentale antica quasi solo la *Gioconda* e gli affreschi di Michelangelo alla Sistina. L'opera di Leonardo ha assunto dunque un significato profondo nel suo immaginario e, dal 2009, quando è stato invitato a confrontarsi al Louvre con l'opera, l'artista ha ripensato il ritratto più famoso al mondo dipingendo il funerale della protagonista e inserendo nella scena la propria vicenda personale.
Oltre ad aver ampliato il paesaggio dell'originale nelle due tele ai lati di Monna Lisa, ha collocato sulla parete di sinistra il ritratto del padre in ospedale e allestito di fronte le proprie immaginarie esequie, rappresentandosi da giovane.
Con questo inserimento privato in una delle opere più iconiche della storia, Yan Pei-Ming affronta il tema del rapporto tra padre e figlio, uno degli archetipi primordiali, inscenando una morte che va contro il principio naturale della vita, secondo cui dovrebbero essere i figli a seppellire i padri, e dà vita al dramma che un detto cinese racchiude nelle parole: «I capelli bianchi partecipano al funerale dei capelli neri».
Nonostante il rapporto distaccato che Yan Pei-Ming ricorda di aver avuto col padre, uomo taciturno e riservato, dai suoi lavori emerge un sentimento profondo, ancestrale, che fa assurgere il ritrattato a figura paradigmatica dell'Uomo.

"The funeral of Mona Lisa is to bury Mona Lisa. Mona Lisa is a mystery, like death itself"

When he lived in China, Yan Pei-Ming's knowledge of western art of the past was mostly limited to the *Mona Lisa* and Michelangelo's frescos in the Sistine Chapel. For this reason, Leonardo's work acquired great significance in his imagery. Since 2009, when he was invited by the Louvre to measure himself with the masterpiece, the artist has reworked the most famous portrait in the world depicting the subject's funeral and inserting his own personal experiences into the scene.
Not only has he extended the original landscape into two canvases flanking the Mona Lisa, but he has also placed a portrait of his father at the hospital on the left-hand wall and arranged his own imaginary funeral facing it, in which he depicts himself as a young man.
With this private interjection into one of the most iconic works in the history of art, Yan Pei-Ming tackles the theme of the father-son relationship, one of the primeval archetypes, by staging a death that goes against the natural principle of life, according to which children should be the ones to bury their fathers, producing a tragedy that is perfectly described in a Chinese saying: "White hair attends black hair's funeral."
Though Yan Pei-Ming doesn't recall being close to his father, a silent, reserved man, in his paintings we perceive a very deep, ancestral sentiment that elevates the portrait to a paradigm of Man.

LES FUNÉRAILLES DE MONNA LISA
(tela / canvas **3)**

2009
polittico, 5 tele / polyptych, 5 canvases
olio su tela / oil on canvas
cm 280 × 280
Collezione privata / Private collection

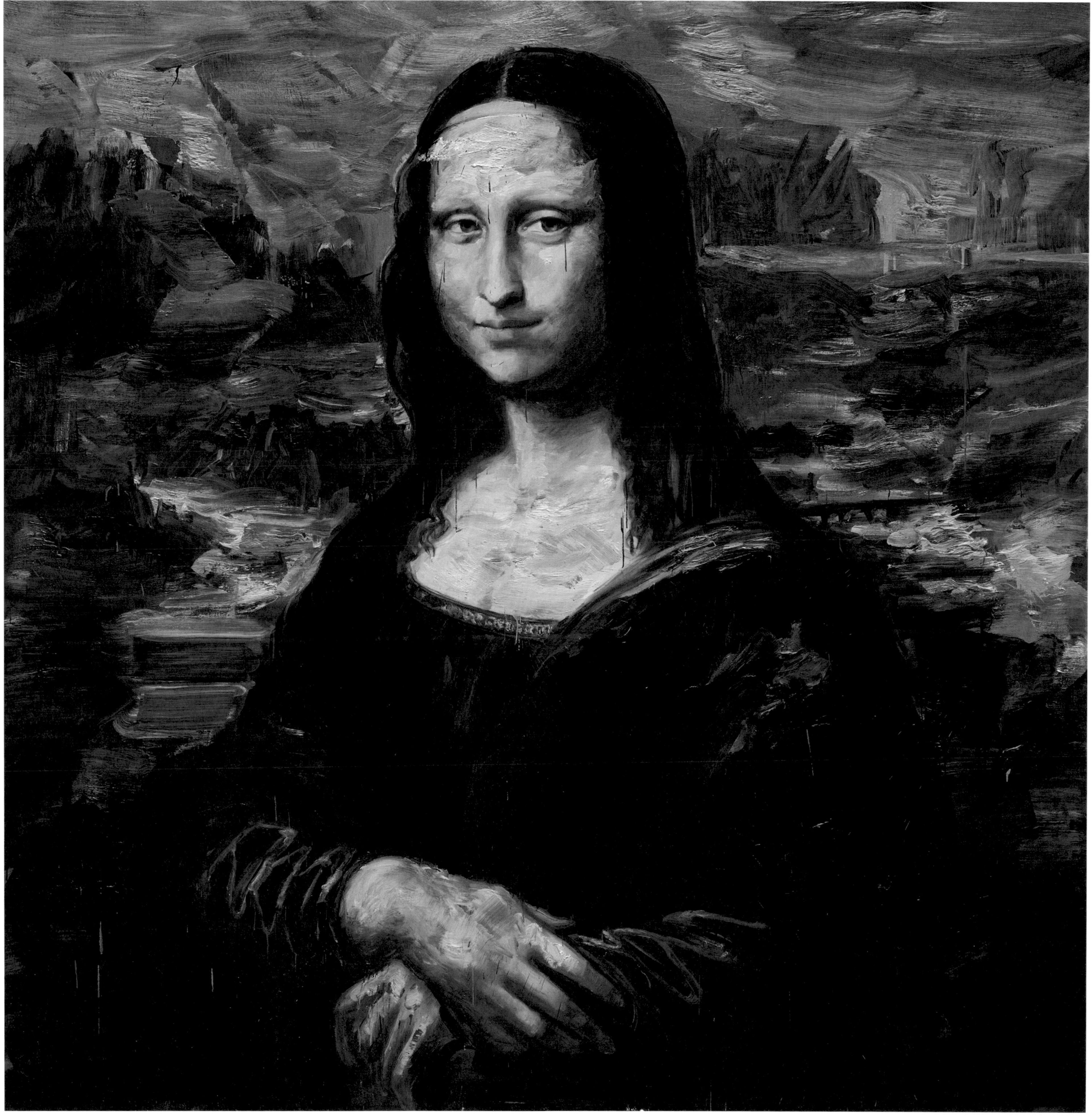

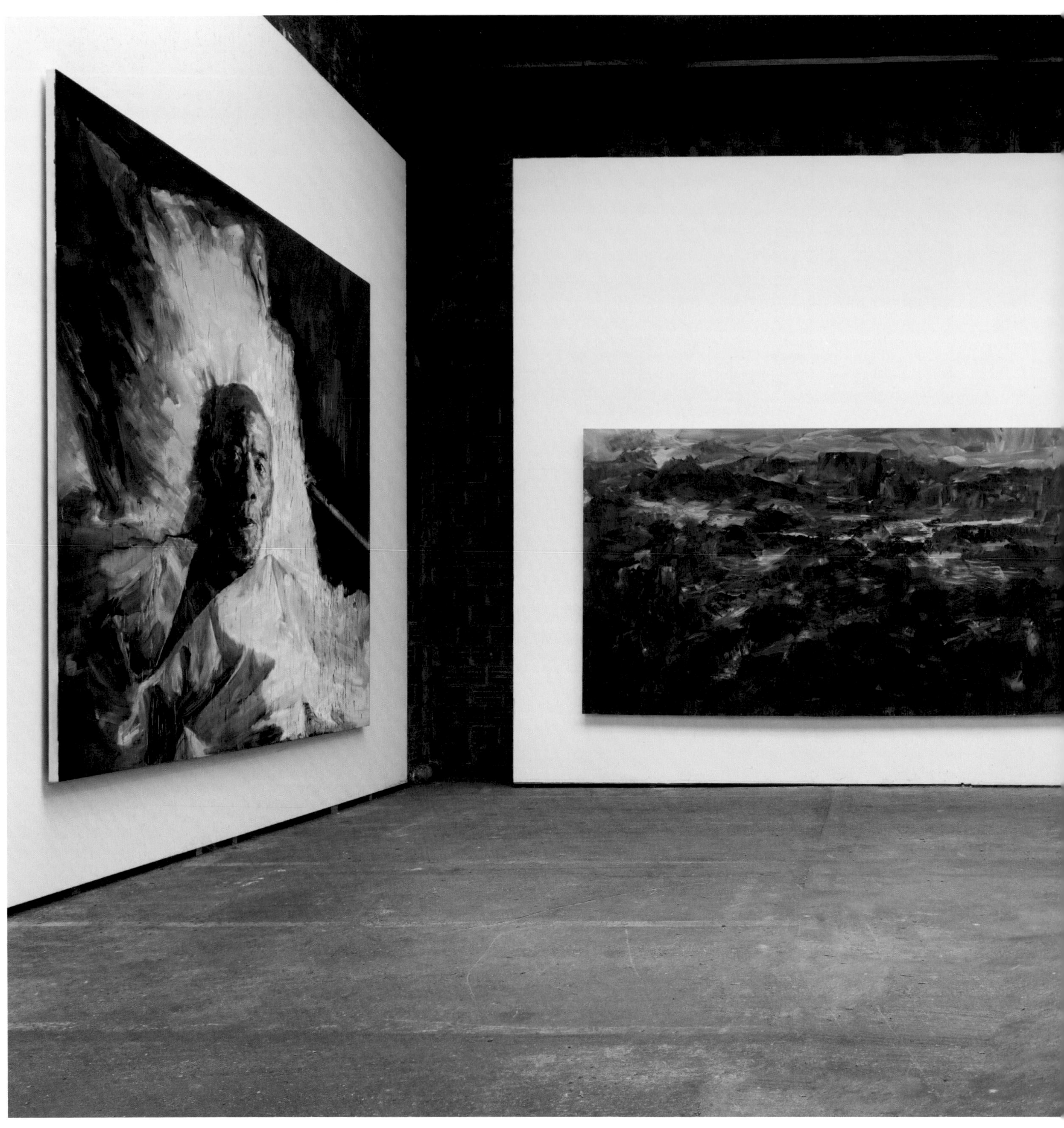

LES FUNÉRAILLES DE MONNA LISA

2009
polittico, 5 tele / polyptych, 5 canvases
olio su tela / oil on canvas
Collezione privata / Private collection

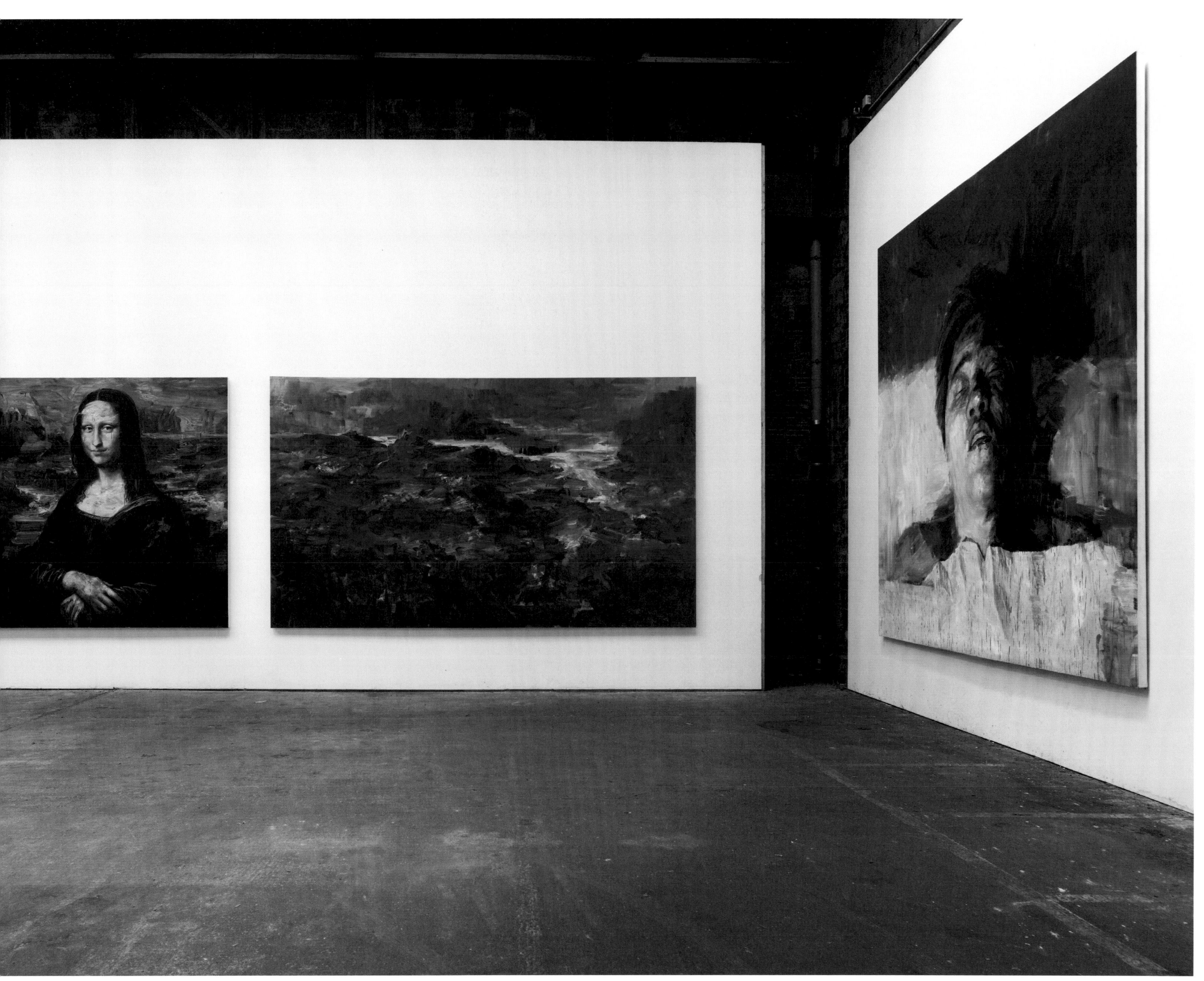

LES FUNÉRAILLES DE MONNA LISA
(tela / canvas **2)**

2009
polittico, 5 tele / polyptych, 5 canvases
olio su tela / oil on canvas
cm 280 × 500
Collezione privata / Private collection

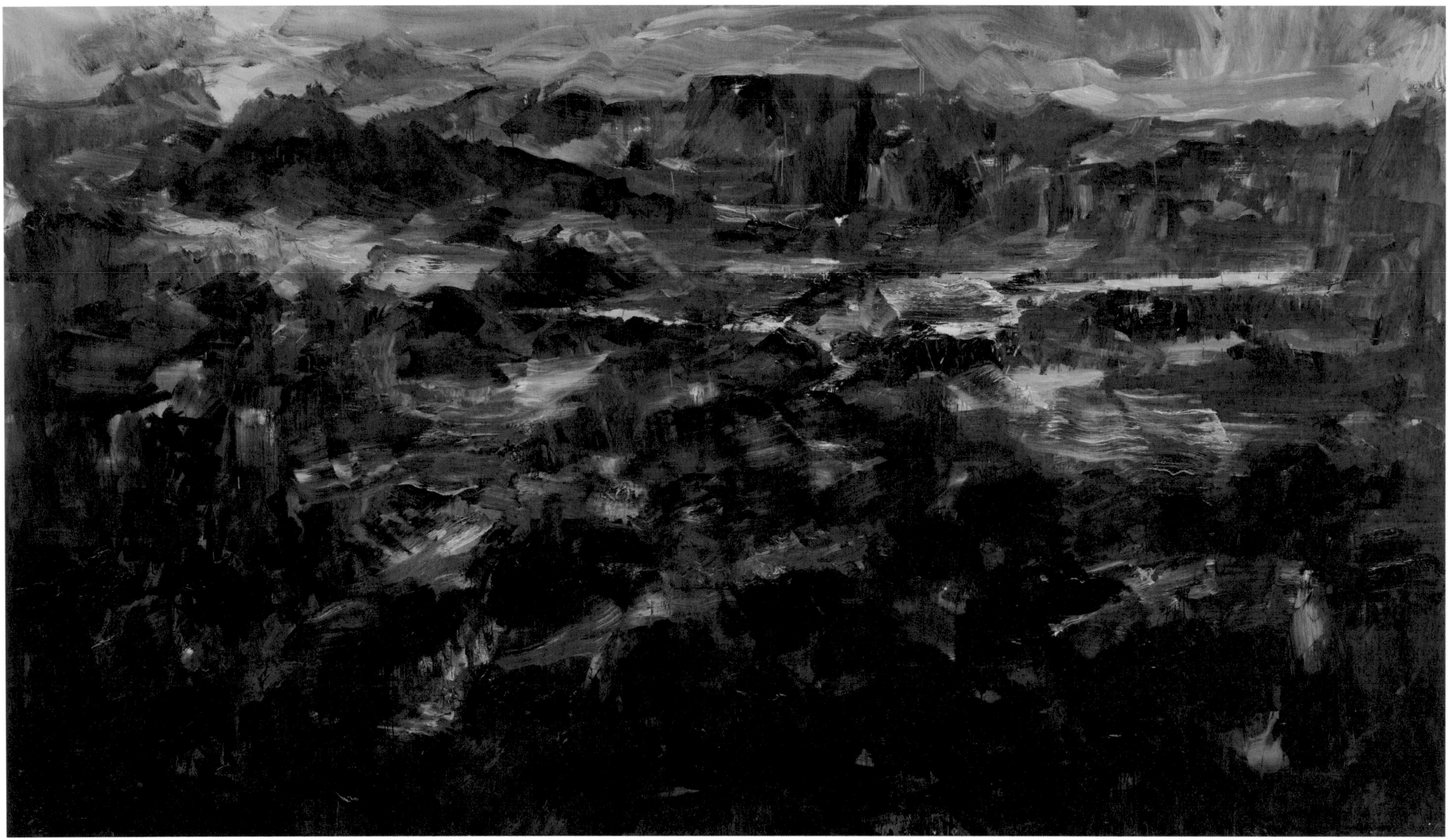

LES FUNÉRAILLES DE MONNA LISA
(tela / canvas **4)**

2009
politticо, 5 tele / polyptych, 5 canvases
olio su tela / oil on canvas
cm 280 × 500
Collezione privata / Private collection

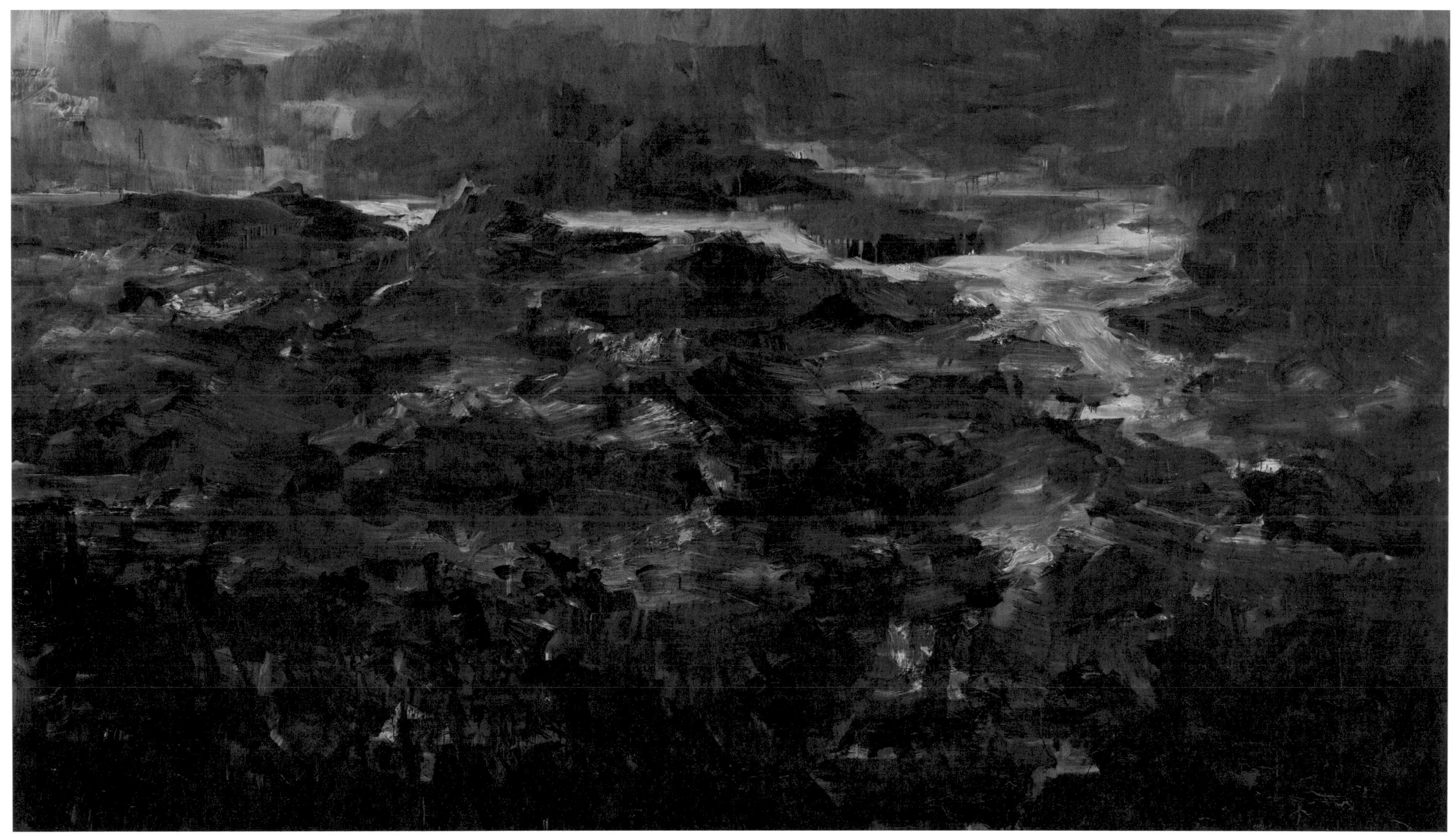

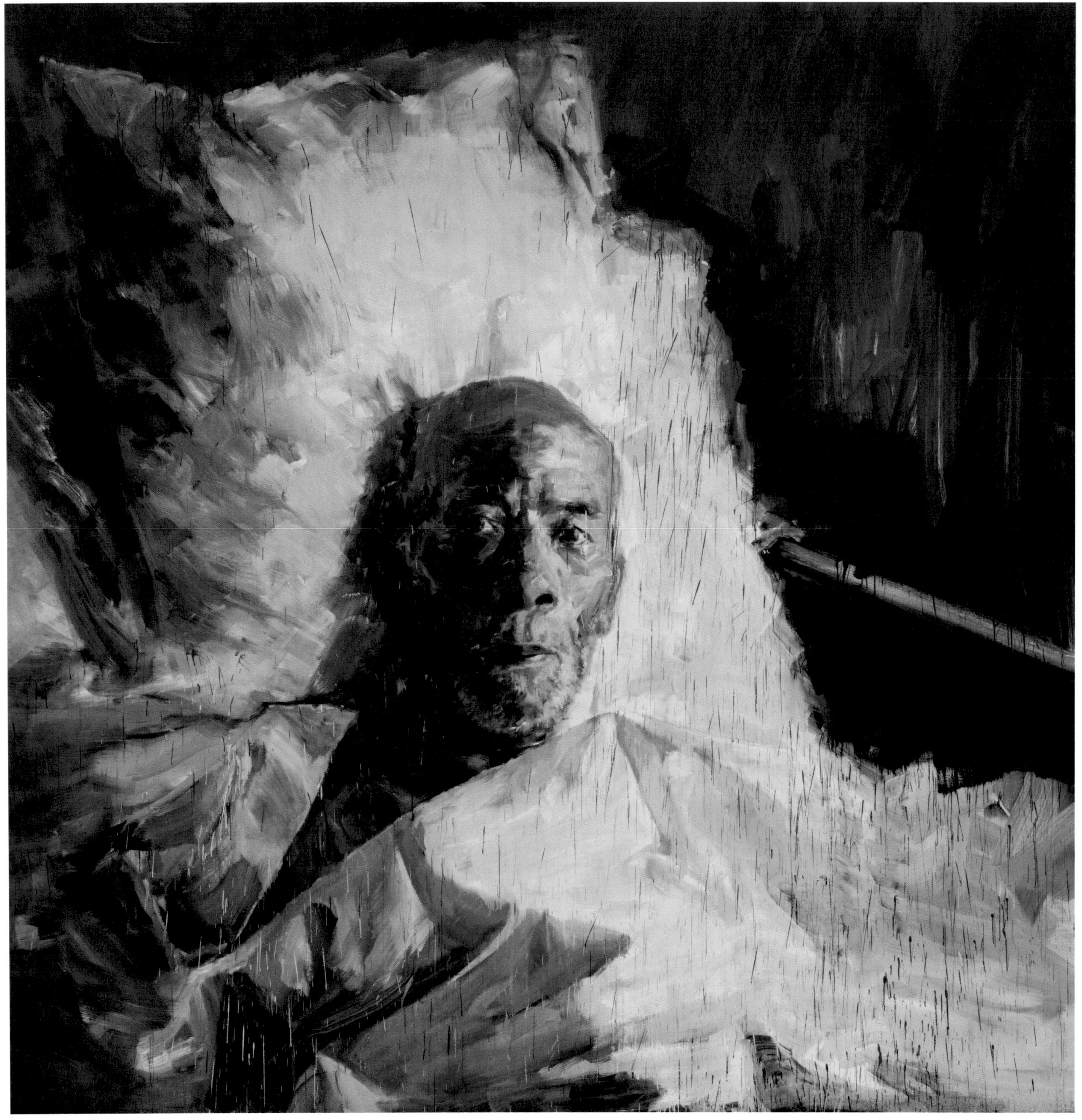

LES FUNÉRAILLES DE MONNA LISA
(tela / canvas **1)**

2009
polittico, 5 tele / polyptych, 5 canvases
olio su tela / oil on canvas
cm 400 × 400
Collezione privata / Private collection

LES FUNÉRAILLES DE MONNA LISA
(tela / canvas **5)**

2009
polittico, 5 tele / polyptych, 5 canvases
olio su tela / oil on canvas
cm 400 × 400
Collezione privata / Private collection

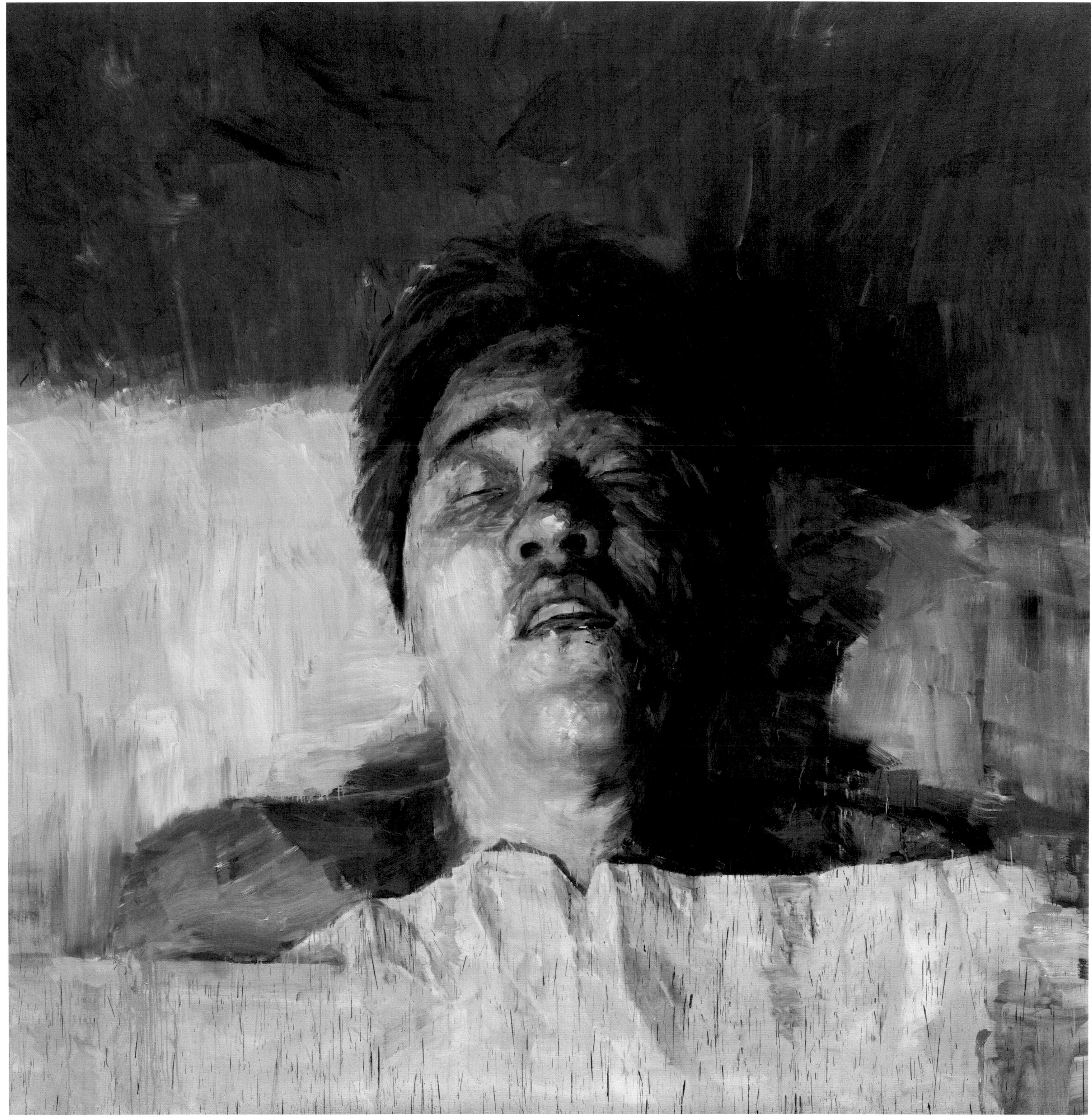

STORIE DELL'ARTE
ART HISTORIES

«Sono interessato ai grandi pittori, non faccio che nutrirmi del loro lavoro»

Yan Pei-Ming si appropria delle rappresentazioni degli artisti del passato ma le rielabora rendendole vive e pulsanti, come avviene per la raffigurazione – nell'originale cristallizzata e finalizzata a scopi propagandistici – di *Marat assassiné*, messa in scena da Jacques-Louis David nel 1793.
L'artista sceglie poi di virare al bianco e nero l'*Exécution, après Goya* (originale del 1814), in cui elimina i cadaveri che giacciono sul terreno trasformandoli in lampi che illuminano la scena notturna e concentrandosi sull'esecuzione: tutte le figure che rappresenta sono ancora in vita, volendo mostrare solo «gli uomini che resistono».
Come Bacon, Yan Pei-Ming è stato profondamente colpito dal *Ritratto di papa Innocenzo X* di Velázquez del 1650: «Sono rimasto affascinato... Il colore è fantastico. Mi ha ispirato molto». L'immagine del pontefice viene trasformata in simbolo del potere, nella sua personificazione, al pari di *Napoleon*, ispirato al bozzetto per il grande quadro di David al Louvre (1805-1807), in cui il còrso si auto-incorona alla presenza di uno sconfitto Pio VII – che Yan Pei-Ming elimina – per dimostrare il proprio rifiuto dell'autorità papale. Come Innocenzo X incarna insieme l'autorità religiosa e politica, analogamente queste prerogative vengono riunite in Napoleone, il cui gesto sancisce un passaggio che ha segnato la storia.

"I am interested in the great painters; I keep finding nourishment in their work"

Yan Pei-Ming appropriates images produced by artists of the past and reworks them to give them new life, as is the case of *Marat assassiné* (The Death of Marat), represented by Jacques-Louis David in 1793, where the image is crystallized, its sole purpose that of propaganda.
The artist has also produced a black and white *Exécution, après Goya* (the original was painted in 1814), from which he has removed the bodies lying on the ground, turning them into flashes that light the nighttime scene, focusing on the execution: all of the depicted figures are still alive, for the artist wishes to display only "those who resist."
Like Bacon, Yan Pei-Ming was profoundly impressed by Velázquez's *Ritratto di papa Innocenzo X* (Portrait of Innocent X) from 1650: "I was fascinated... the color is fantastic. It inspired me greatly." The figure of the pope becomes a symbol of power, its personification, much like his *Napoleon*, drawn from a preparatory sketch for the large canvas by David at the Louvre (1805–07), in which the Corsican crowns himself before a defeated Pope Pius VII – eliminated by Yan Pei-Ming – to manifest his rejection of papal authority. As Pope Innocent X embodies both political and religious authority, similarly these same prerogatives are combined in Napoleon, whose gesture marks a significant historical moment.

PAPE INNOCENT X BLEU

2022
olio su tela / oil on canvas
cm 250 × 200
Collezione privata / Private collection

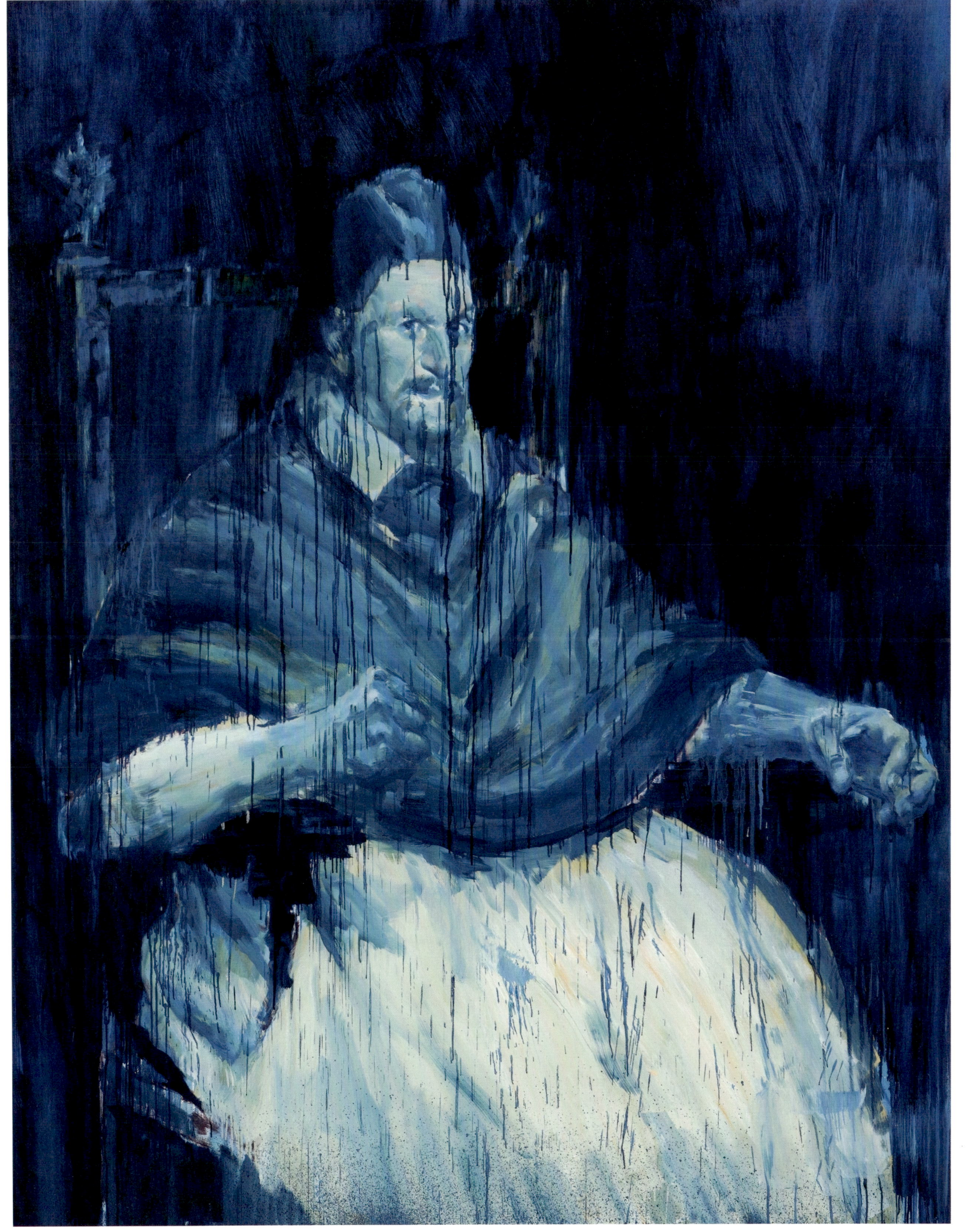

MARAT
(13 JULY 1793, PARIS)

2014
trittico / triptych
olio su tela / oil on canvas
cm 180 × 180 ciascuna / each
Collezione privata / Private collection

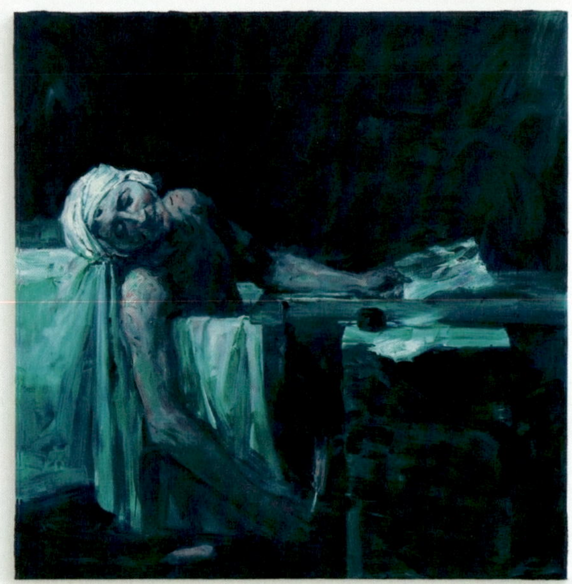
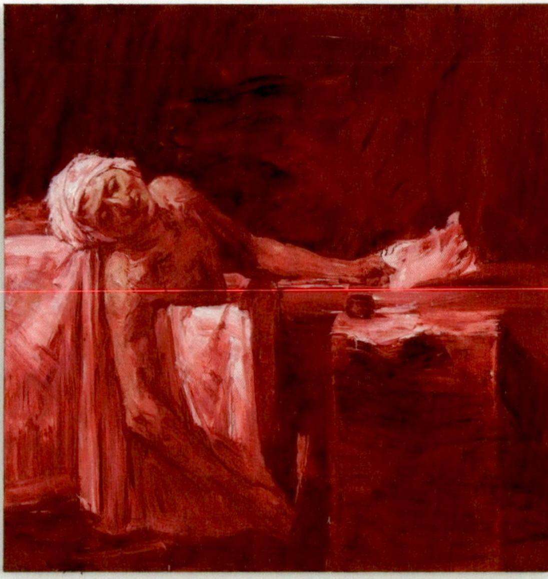
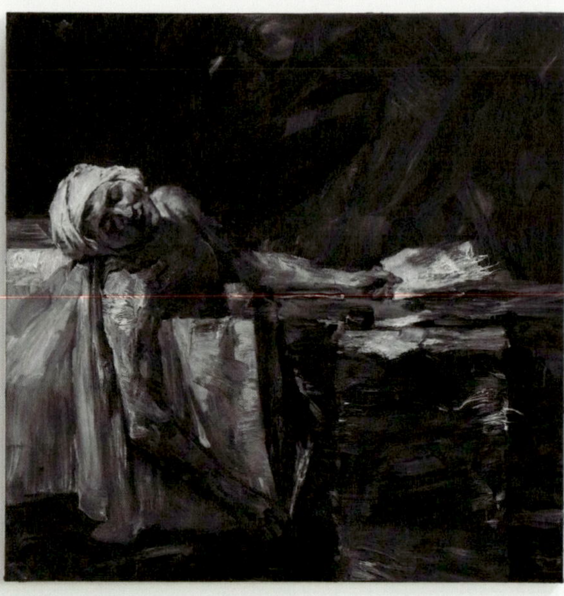

MARAT
(13 JULY 1793, PARIS)
(tela / canvas **1)**

particolare / detail
2014
trittico / triptych
olio su tela / oil on canvas
cm 180 × 180
Collezione privata / Private collection

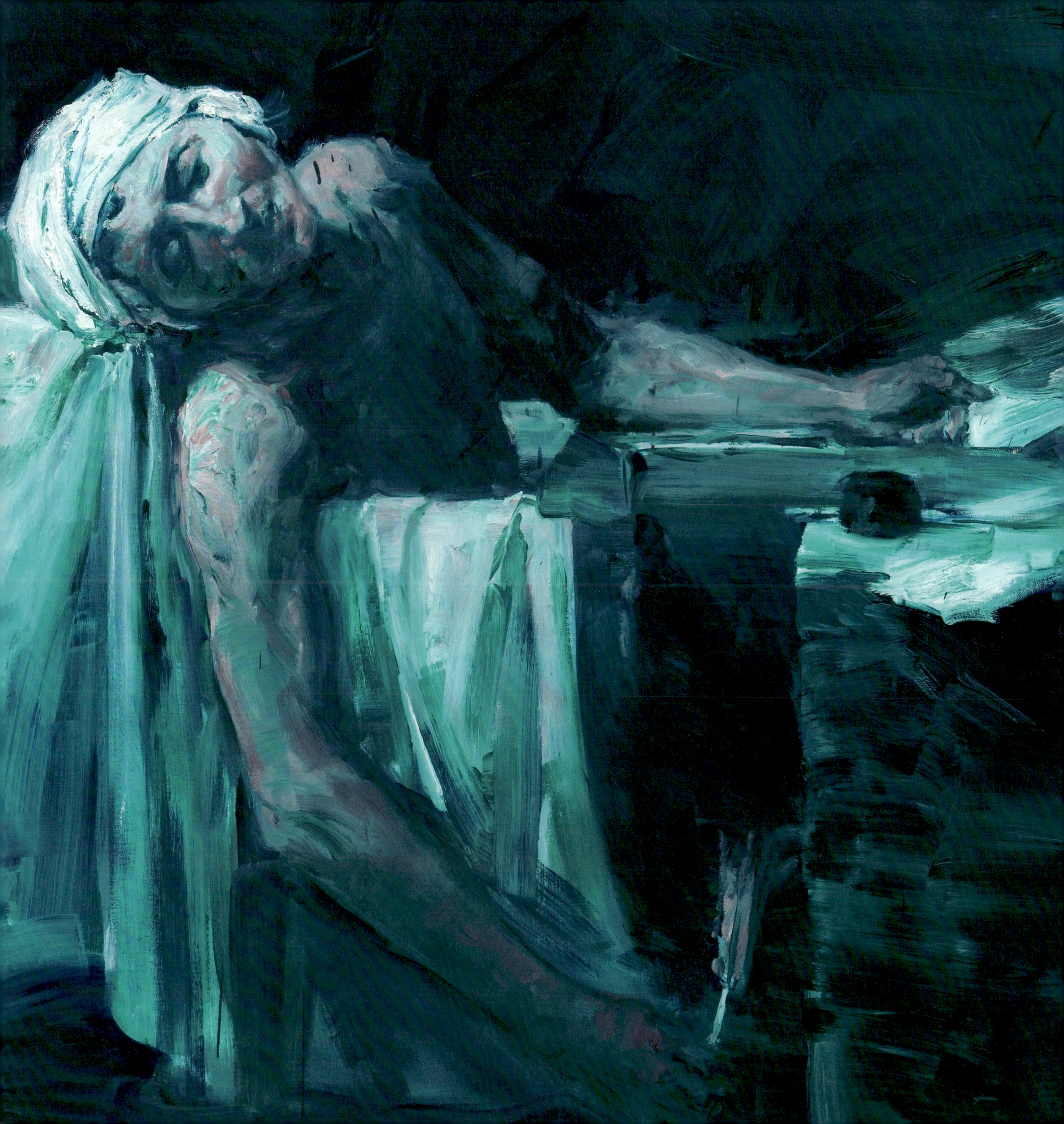

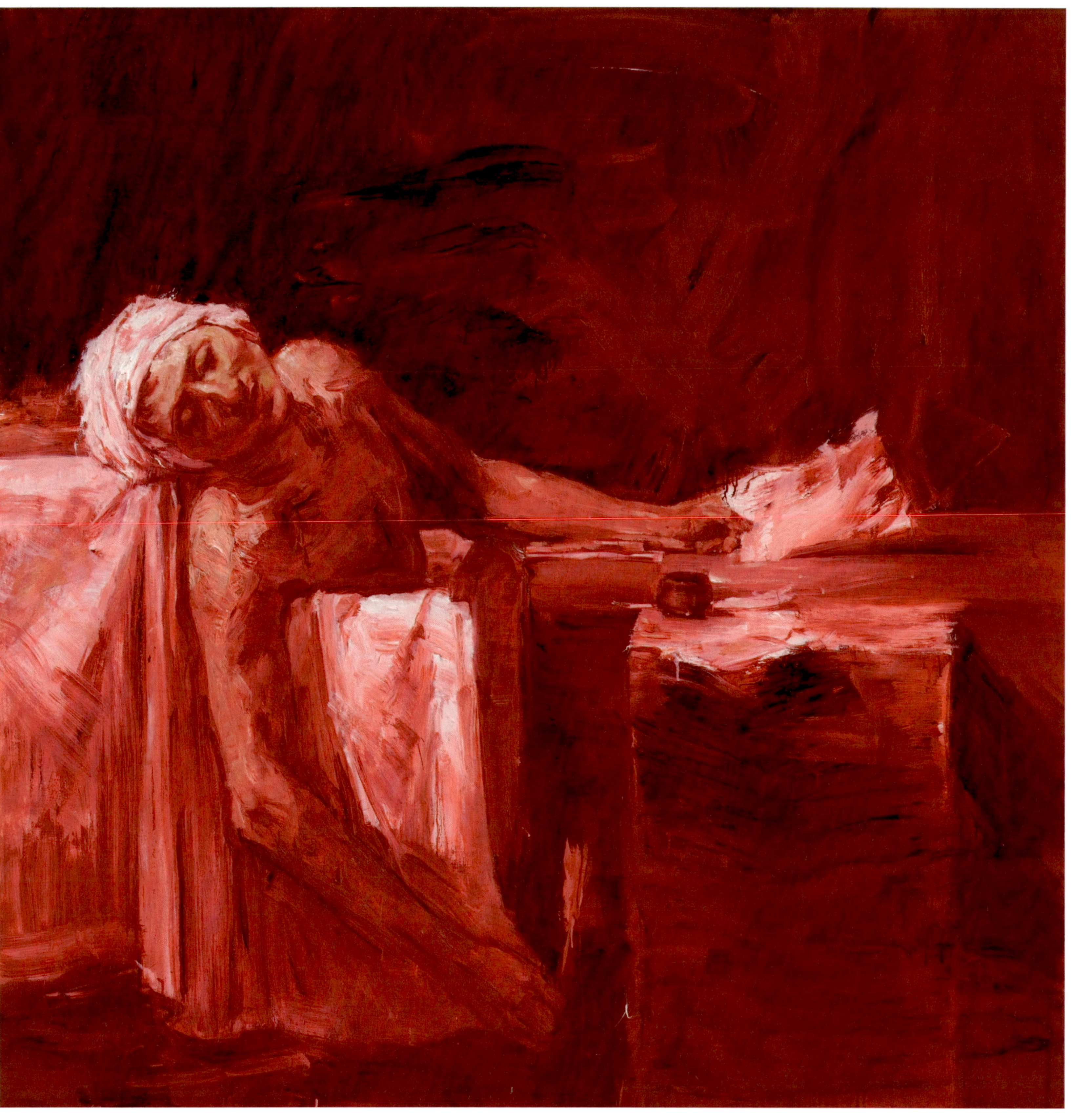

MARAT
(13 JULY 1793, PARIS)
(tela / canvas **2)**

2014
trittico / triptych
olio su tela / oil on canvas
cm 180 × 180
Collezione privata / Private collection

MARAT
(13 JULY 1793, PARIS)
(tela / canvas **3)**

2014
trittico / triptych
olio su tela / oil on canvas
cm 180 × 180
Collezione privata / Private collection

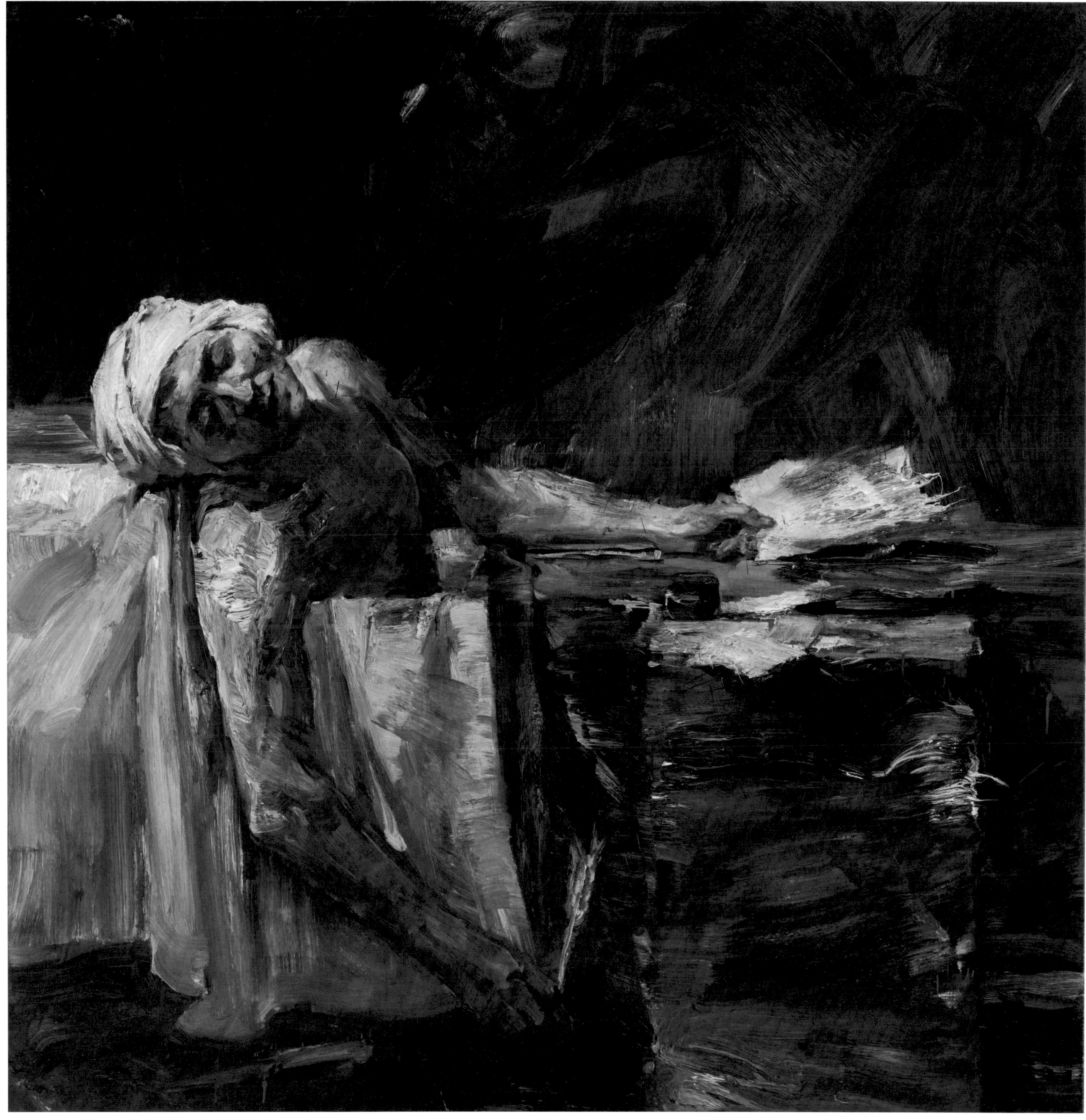

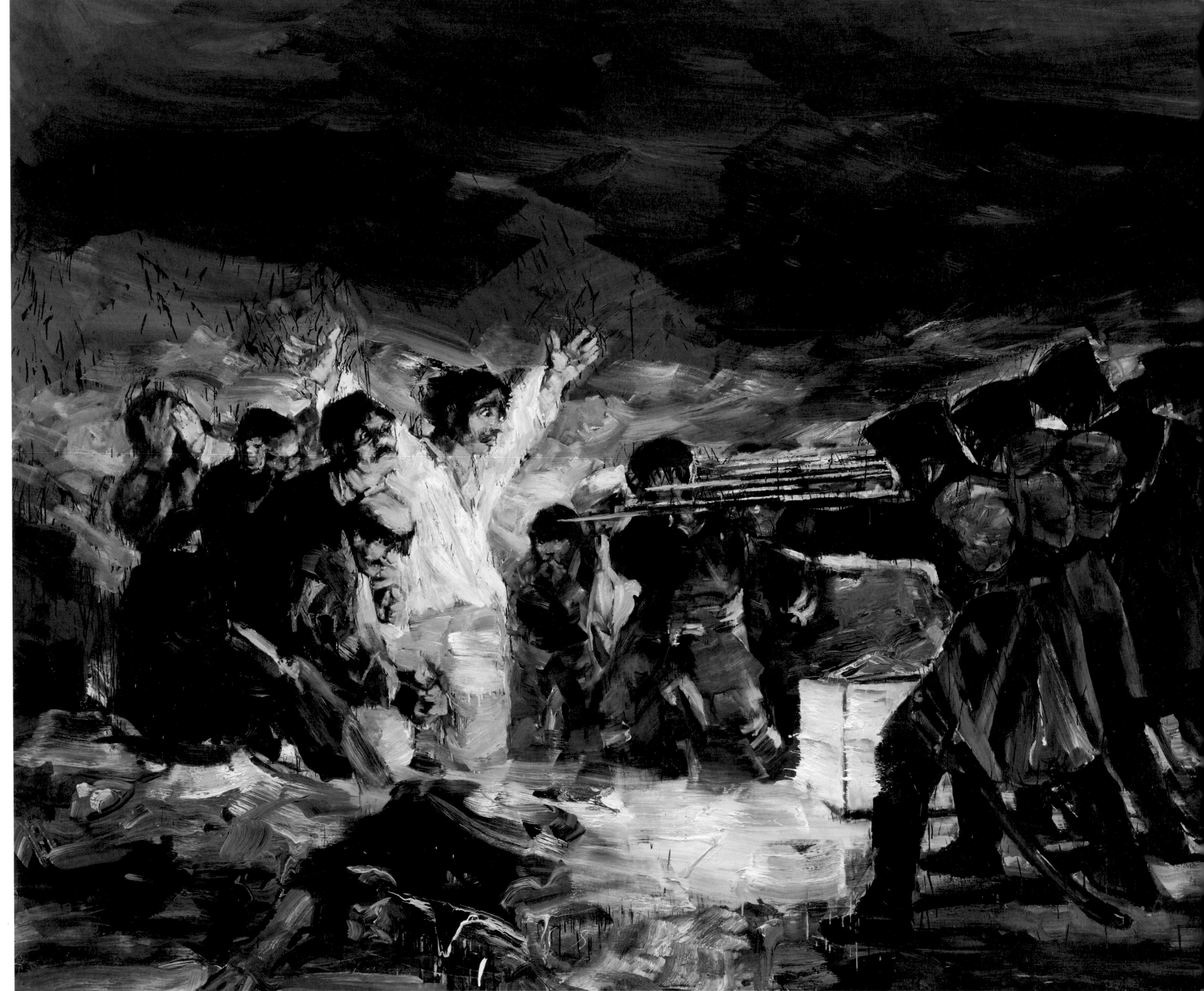

EXÉCUTION, APRÈS GOYA

2012
olio su tela / oil on canvas
cm 280 × 400
Collezione privata / Private collection

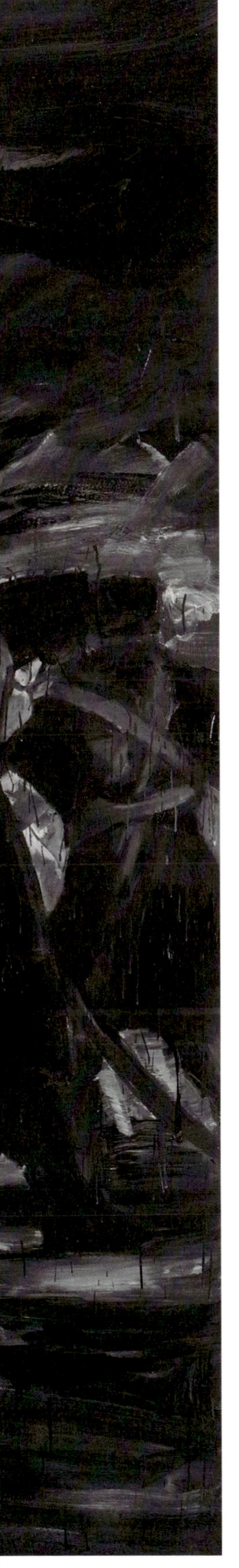

NAPOLEON, CROWNING HIMSELF EMPEROR – PURPLE

2017
olio su tela / oil on canvas
cm 200 × 100
Collezione privata / Private collection

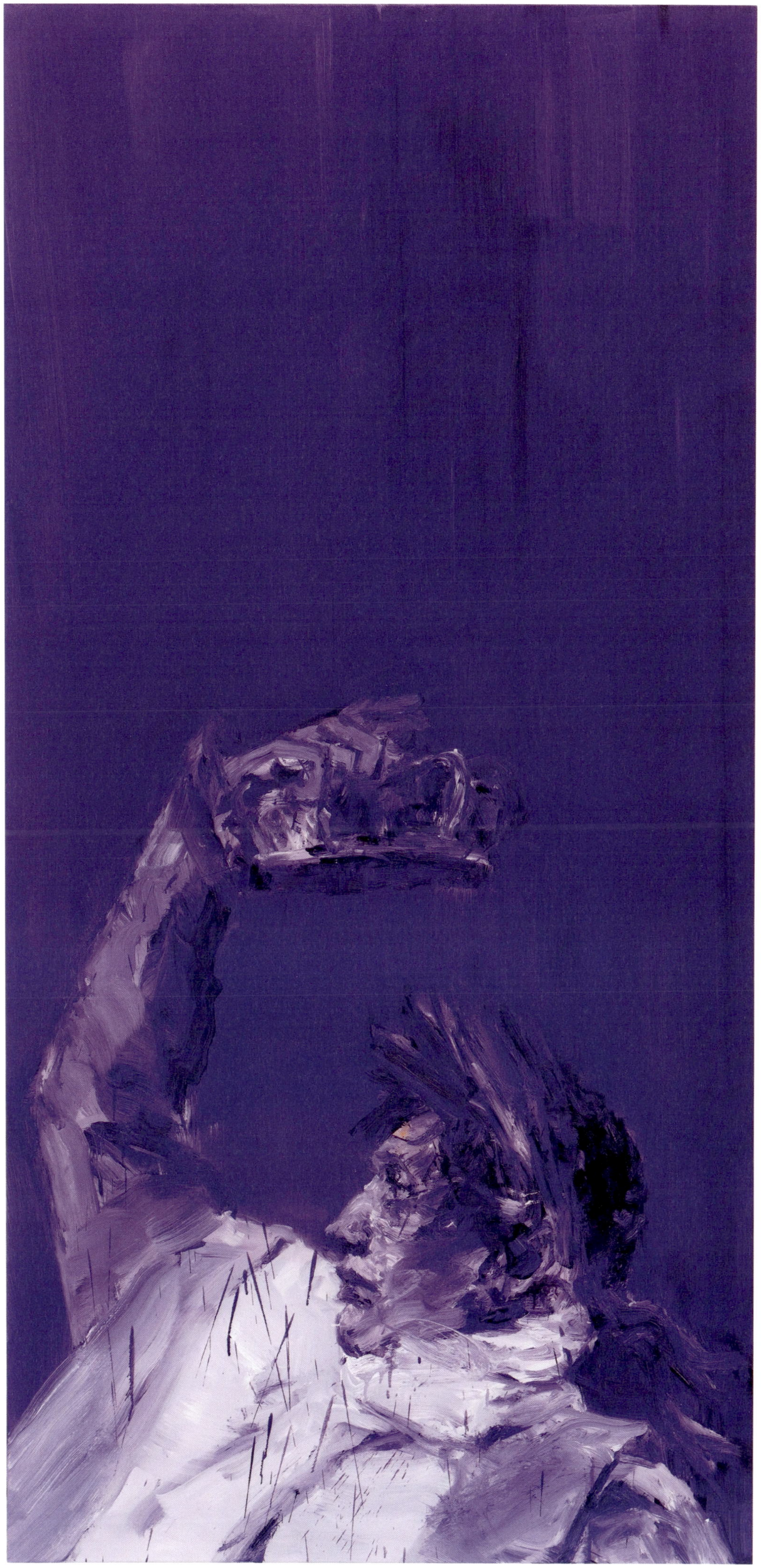

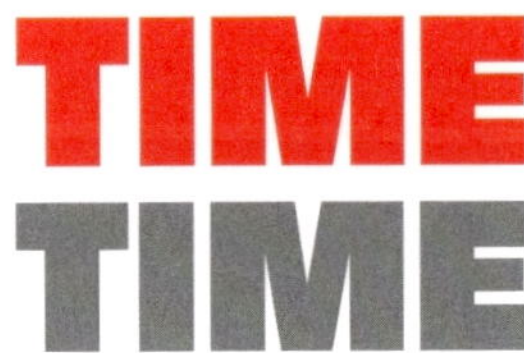

«La storia è una tragedia, crudelissima, che travolge l'umanità»

La copertina del «Time» che il 31 dicembre 2007 nominava «persona dell'anno» Vladimir Putin, definendolo *Tsar of the New Russia*, aveva sollecitato Yan Pei-Ming a rappresentarlo in un trittico. Nel 2022 la copertina di fine dicembre, che la rivista americana riserva a chi ha segnato gli ultimi dodici mesi, è stata dedicata a *Volodymyr Zelensky & the Spirit of Ukraine* e Yan Pei-Ming ne ha tratto ispirazione per un altro trittico ad acquarello, immaginando che «le due opere avrebbero potuto confrontarsi e scontrarsi». Per rafforzare l'immagine centrale l'artista ha utilizzato i colori della bandiera ucraina, potente simbolo d'indipendenza e appartenenza di un popolo, con il blu a simboleggiare la pace e il giallo i campi di grano.
Recentemente, spronato dalle ripetute atrocità via via trapelate sulle operazioni militari in Ucraina, ha completato i ritratti con una nuova grande opera in cui innumerevoli teschi – un "campo di crani" – sono immersi nel sangue, come forte e drammatico riferimento agli orrori di tutte le guerre.
I teschi sono comunque un tema che Yan Pei-Ming ha affrontato frequentemente, riprendendo le antiche *vanitas* che alludono alla transitorietà della vita, in opere intimiste legate ai propri autoritratti, e utilizzando la TAC del proprio cranio.

"History is a cruel tragedy that lays waste to humanity"

On December 31, 2007, Vladimir Putin appeared on the cover of *Time* magazine, chosen as "Person of the Year" and described as the *Tsar of the New Russia*, which stimulated Yan Pei-Ming to depict the Russian leader in a triptych. In December of 2022, the last cover of the month, traditionally dedicated by the magazine to the most significant figure of the year, was entitled to *Volodymyr Zelensky & the Spirit of Ukraine*, and Yan Pei-Ming drew upon it for another watercolor triptych, imagining that "the two works would be able to confront and challenge one another." To strengthen the central image of this second work, the artist used the colors of the Ukrainian flag, where blue represents peace and yellow the wheat fields, a powerful symbol of the independence and identity of a people.
More recently, stimulated by the reiterated reports of atrocities committed during the military operations in Ukraine, Yan Pei-Ming added to these portraits a new large piece in which countless skulls – a "field of skulls" – are submerged in blood, a powerful and dramatic reference to the horrors of every war.
Skulls are a subject frequently explored by Yan Pei-Ming, who has drawn upon the ancient *vanitas*, which allude to the impermanence of life, to produce a number of intimist works related to his self-portraits using a CT scan of his skull.

VLADIMIR PUTIN,
TSAR OF THE NEW RUSSIA

2008
trittico / triptych
acquarello su carta / watercolor on paper
cm 210 × 154 ciascuno / each
Collezione privata / Private collection

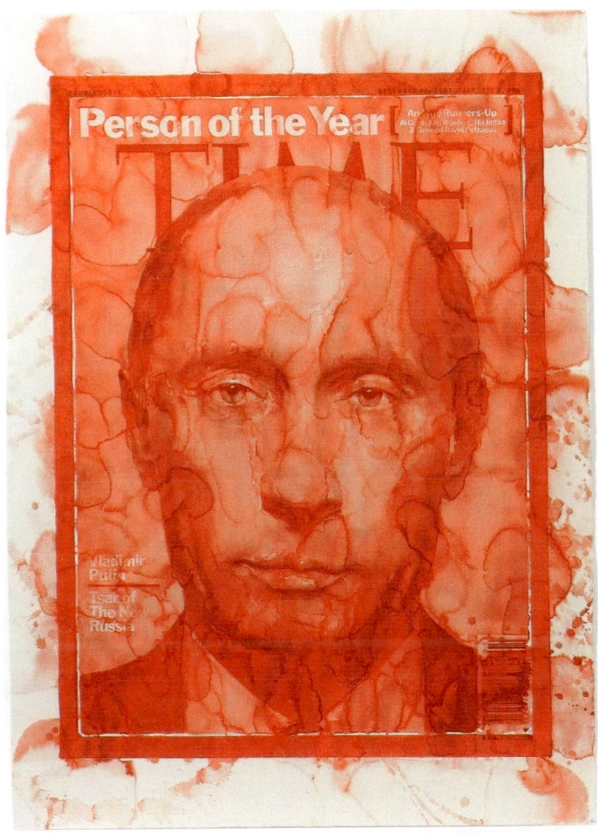

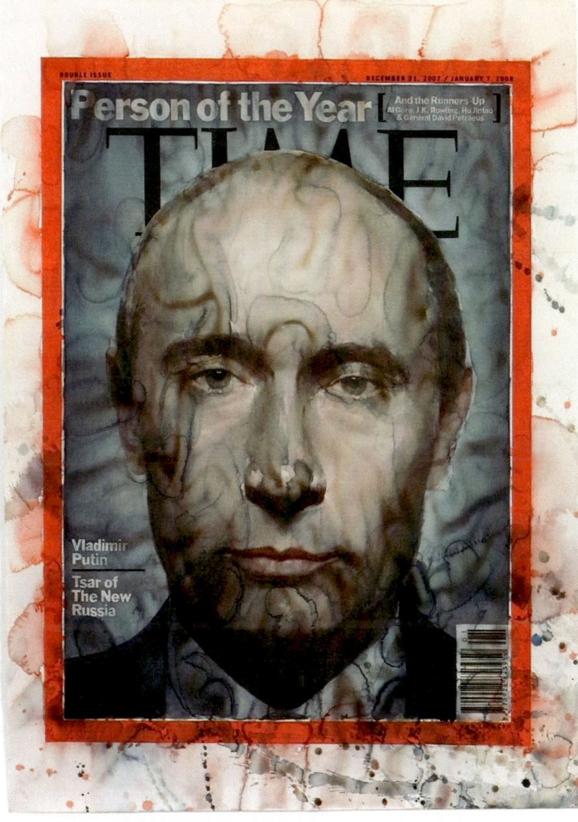

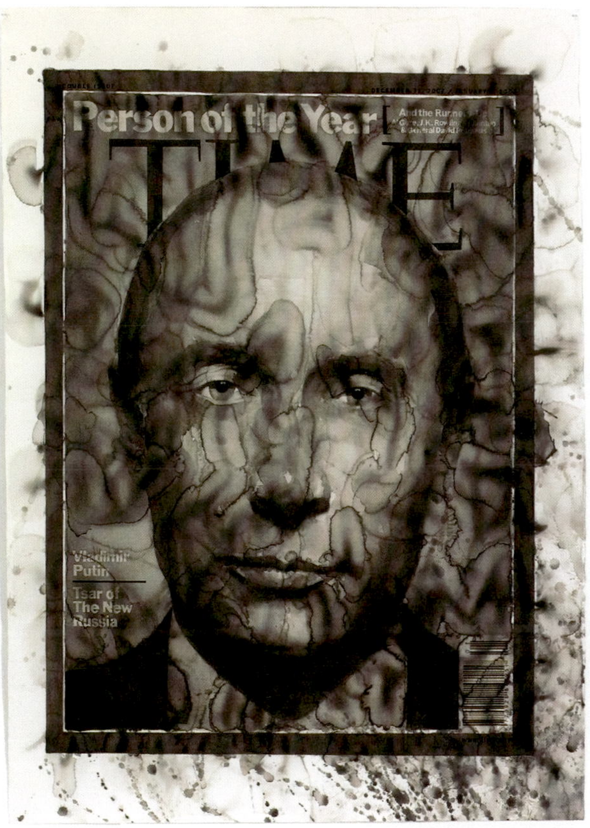

VLADIMIR PUTIN,
TSAR OF THE NEW RUSSIA
(foglio / paper **1)**

2008
trittico / triptych
acquarello su carta / watercolor on paper
cm 210 × 154
Collezione privata / Private collection

Person of the Year

And the Runners-Up
Al Gore, J.K. Rowling, Hu Jintao
& General David Petraeus

TIME

Vladimir
Putin

Tsar of
The New
Russia

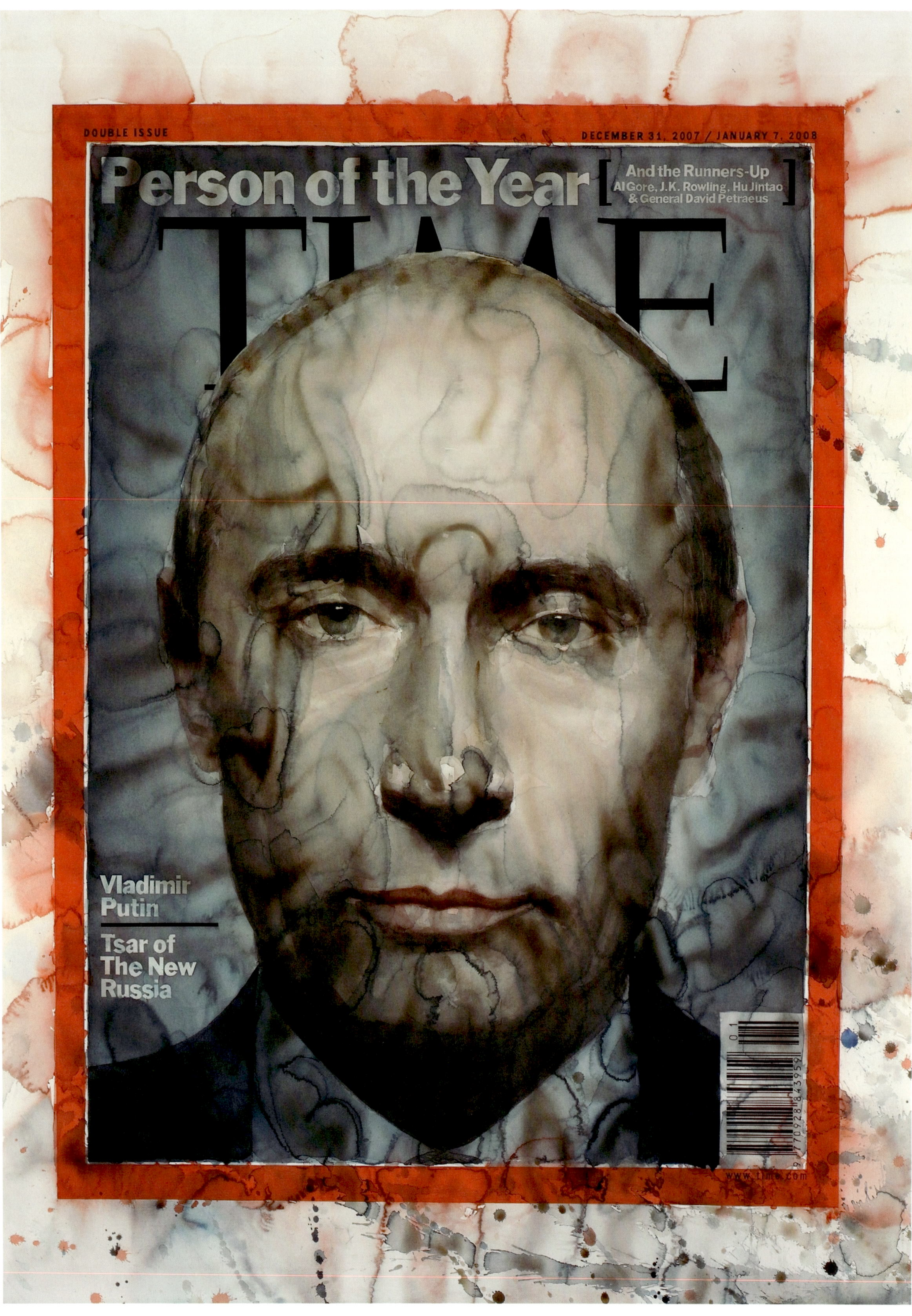

VLADIMIR PUTIN,
TSAR OF THE NEW RUSSIA
(foglio / paper **2)**

2008
trittico / triptych
acquarello su carta / watercolor on paper
cm 210 × 154
Collezione privata / Private collection

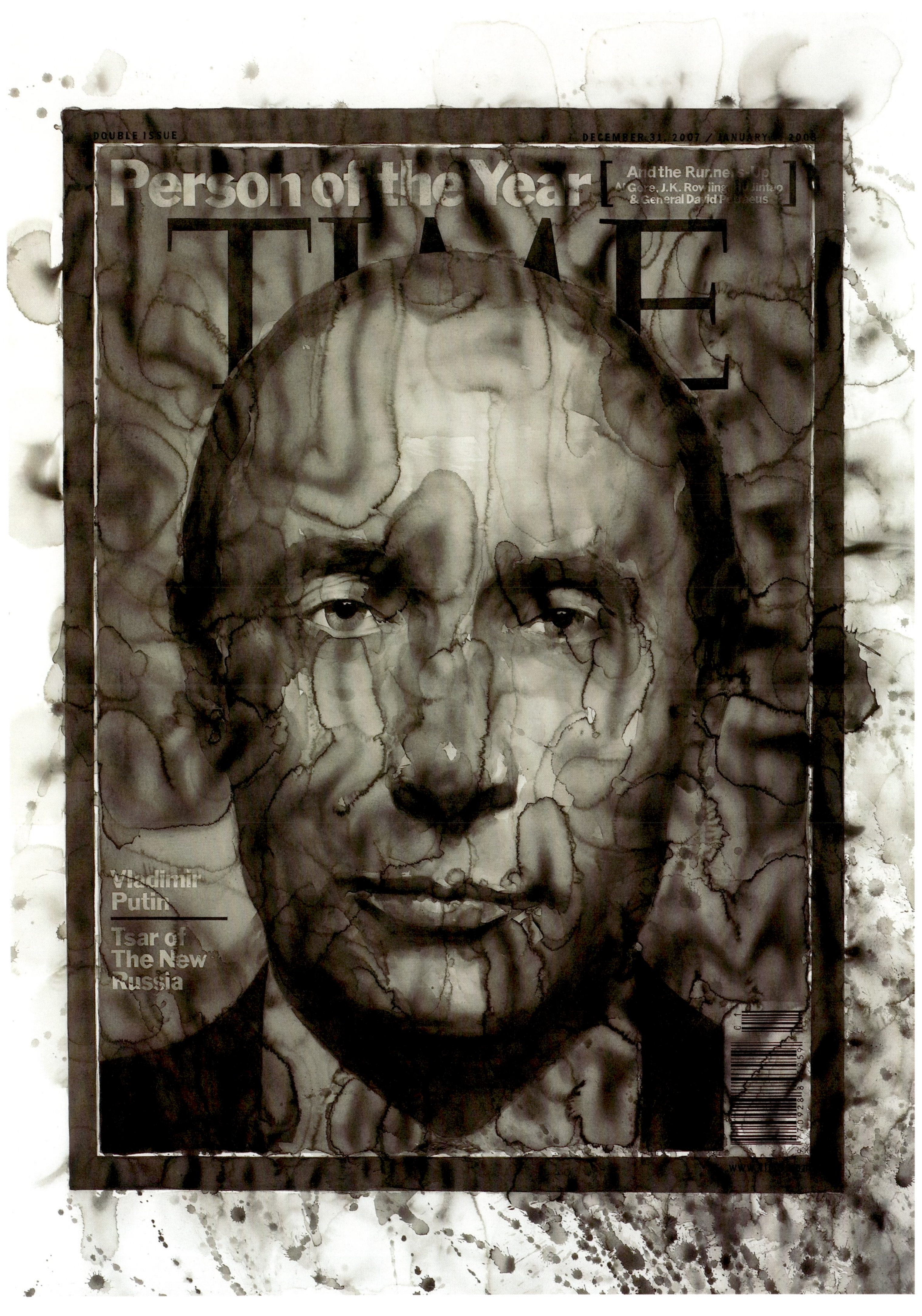

VLADIMIR PUTIN,
TSAR OF THE NEW RUSSIA
(foglio / paper **3)**

2008
trittico / triptych
acquarello su carta / watercolor on paper
cm 210 × 154
Collezione privata / Private collection

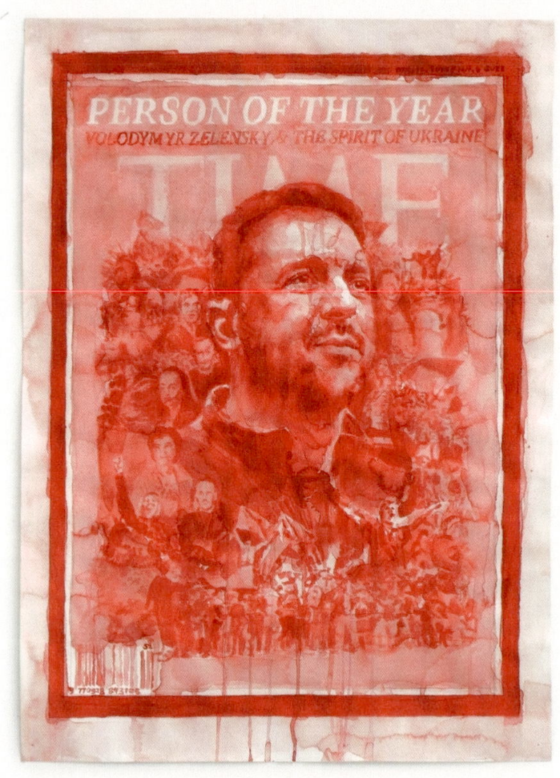

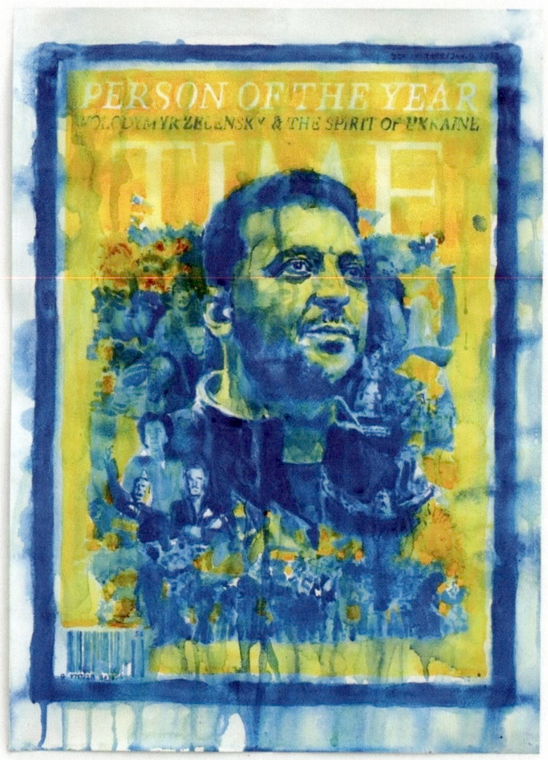

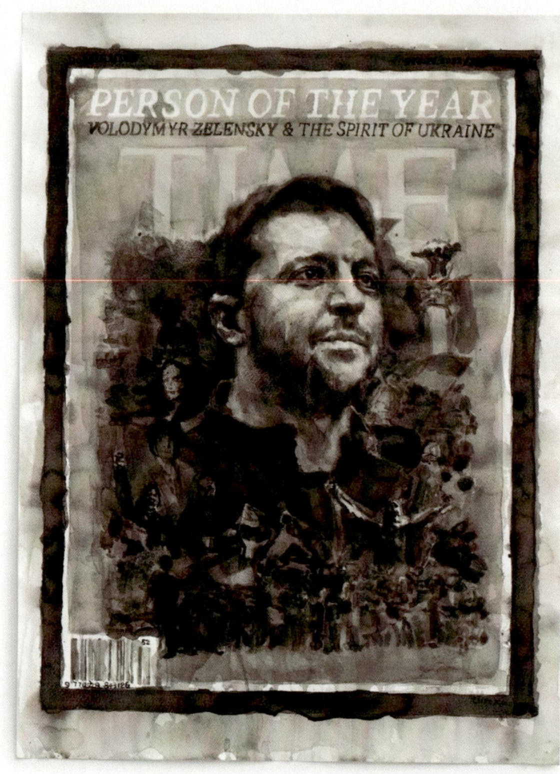

VOLODYMYR ZELENSKY
& THE SPIRIT OF UKRAINE

2023
trittico / triptych
acquarello su carta / watercolor on paper
cm 76 × 54 ciascuno / each
Courtesy MASSIMODECARLO
e / and **Thaddaeus Ropac gallery**

VOLODYMYR ZELENSKY
& THE SPIRIT OF UKRAINE
(foglio / paper 1**)**

2023
trittico / triptych
acquarello su carta / watercolor on paper
cm 76 × 54
Courtesy MASSIMODECARLO
e / and **Thaddaeus Ropac gallery**

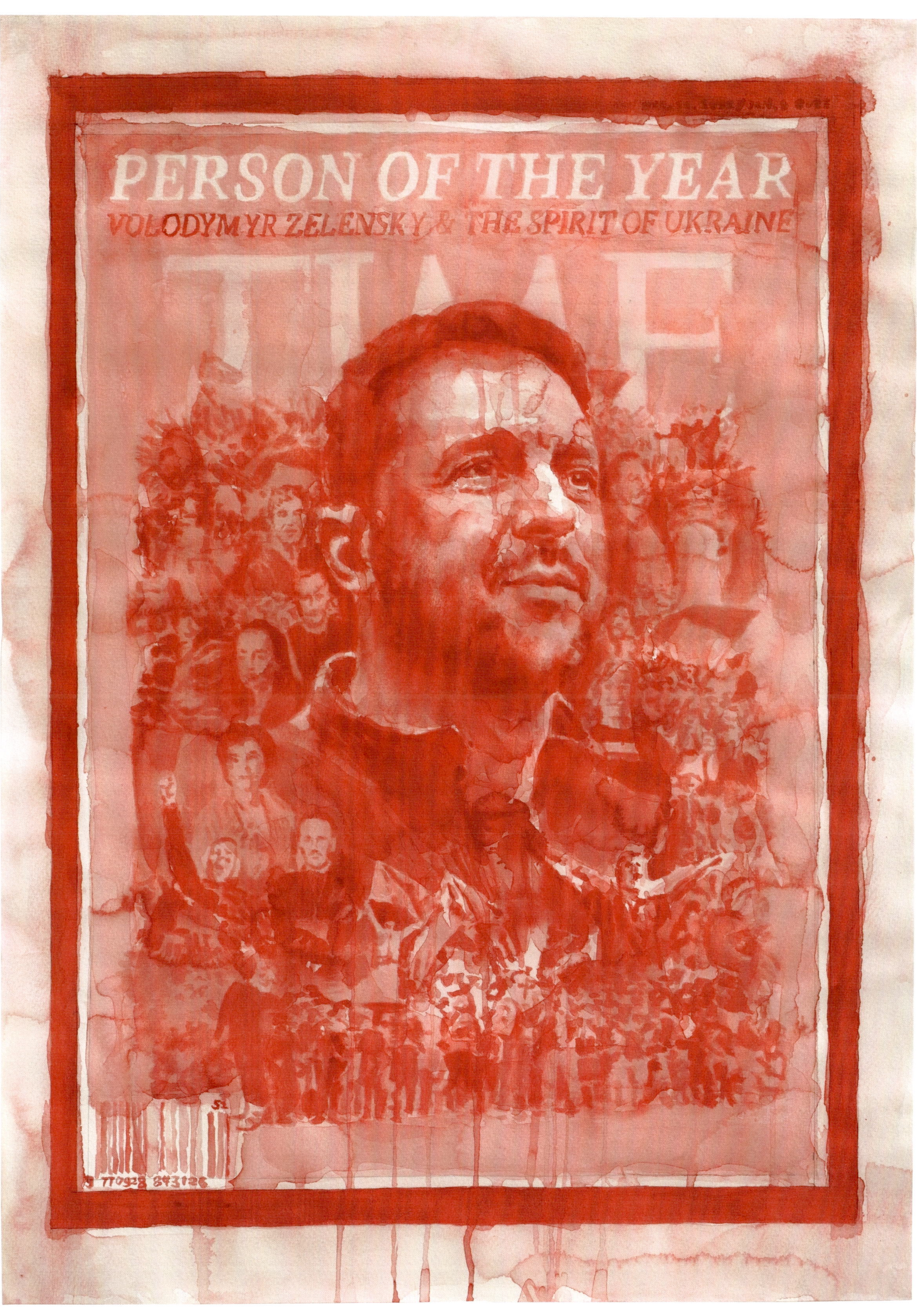

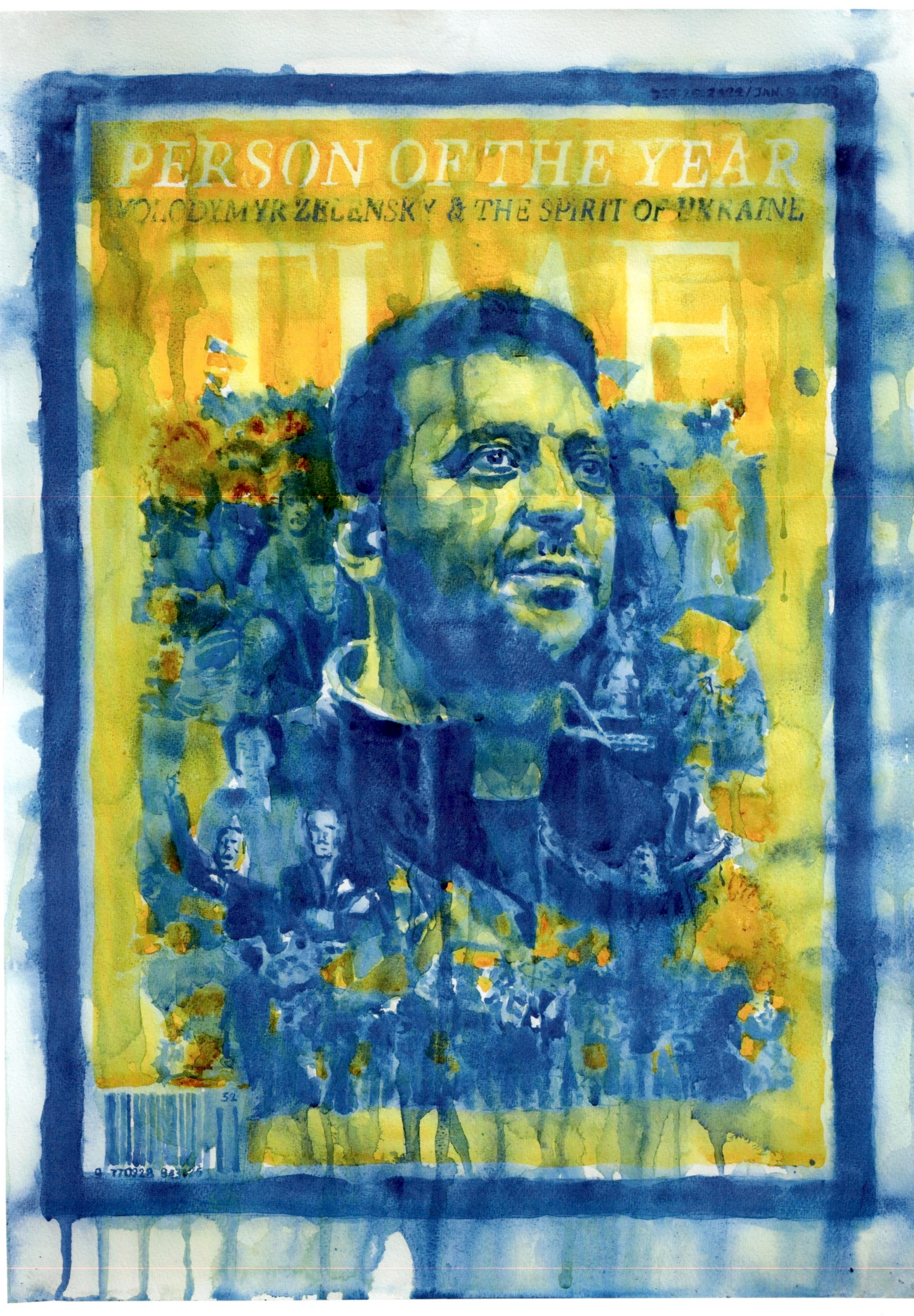

VOLODYMYR ZELENSKY
& THE SPIRIT OF UKRAINE
(foglio / paper **2)**

2023
trittico / triptych
acquarello su carta / watercolor on paper
cm 76 × 54
Courtesy MASSIMODECARLO
e / and **Thaddaeus Ropac gallery**

VOLODYMYR ZELENSKY
& THE SPIRIT OF UKRAINE
(foglio / paper **3)**

2023
trittico / triptych
acquarello su carta / watercolor on paper
cm 76 × 54
Courtesy MASSIMODECARLO
e / and **Thaddaeus Ropac gallery**

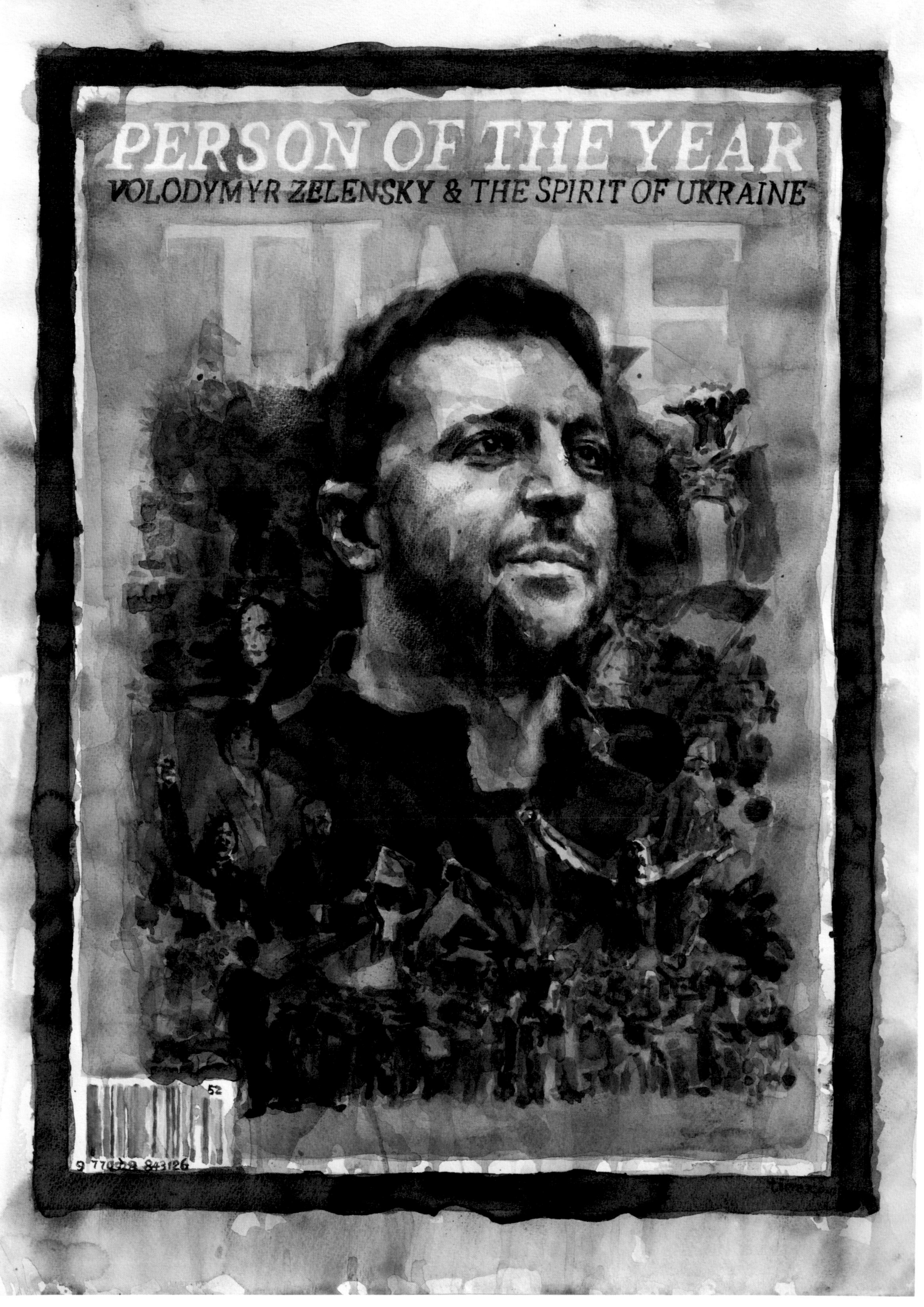

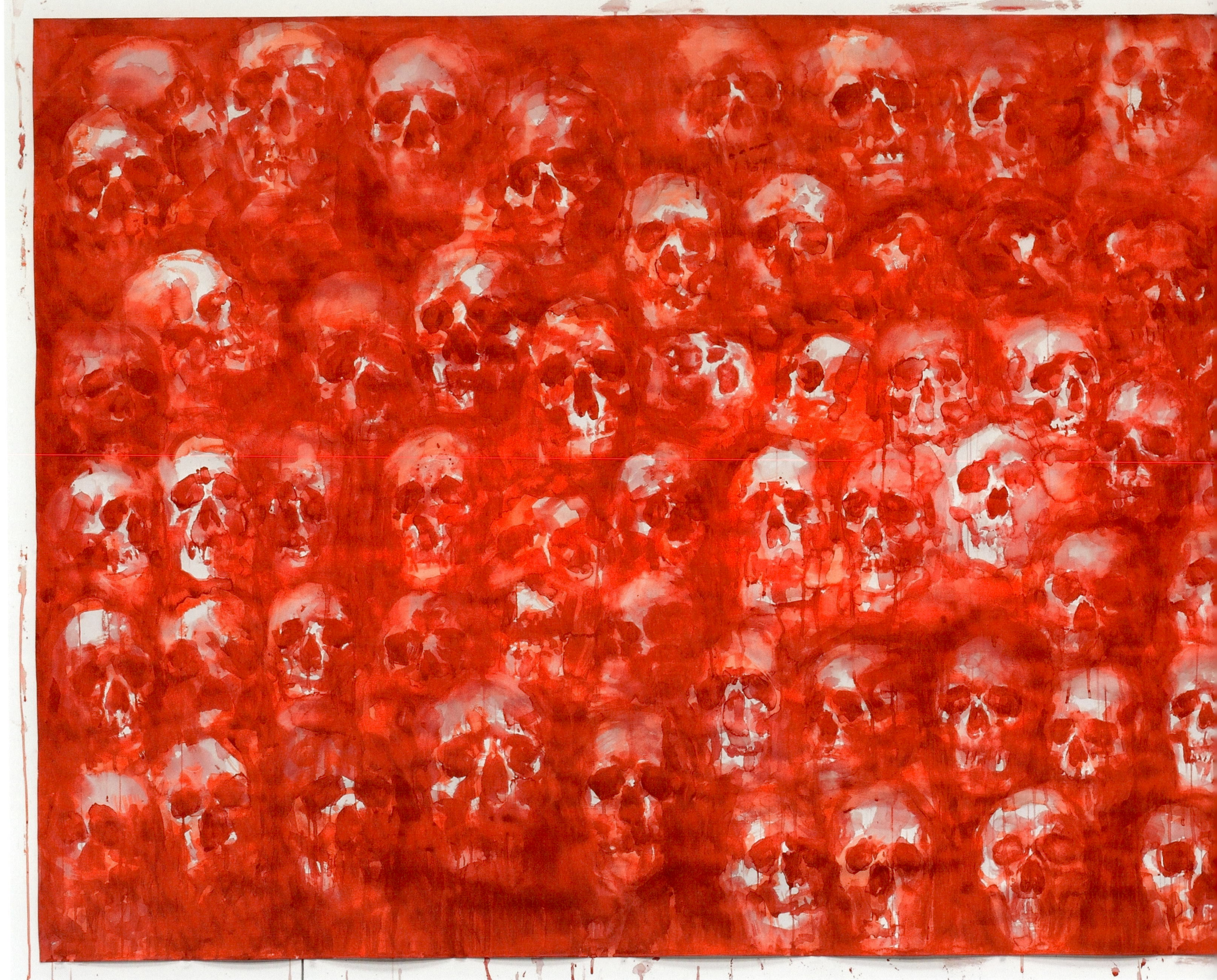

CHAMP DE CRÂNES ROUGES

2023
acquarello su carta / watercolor on paper
cm 154 × 405
Courtesy MASSIMODECARLO
e / and **Thaddaeus Ropac gallery**

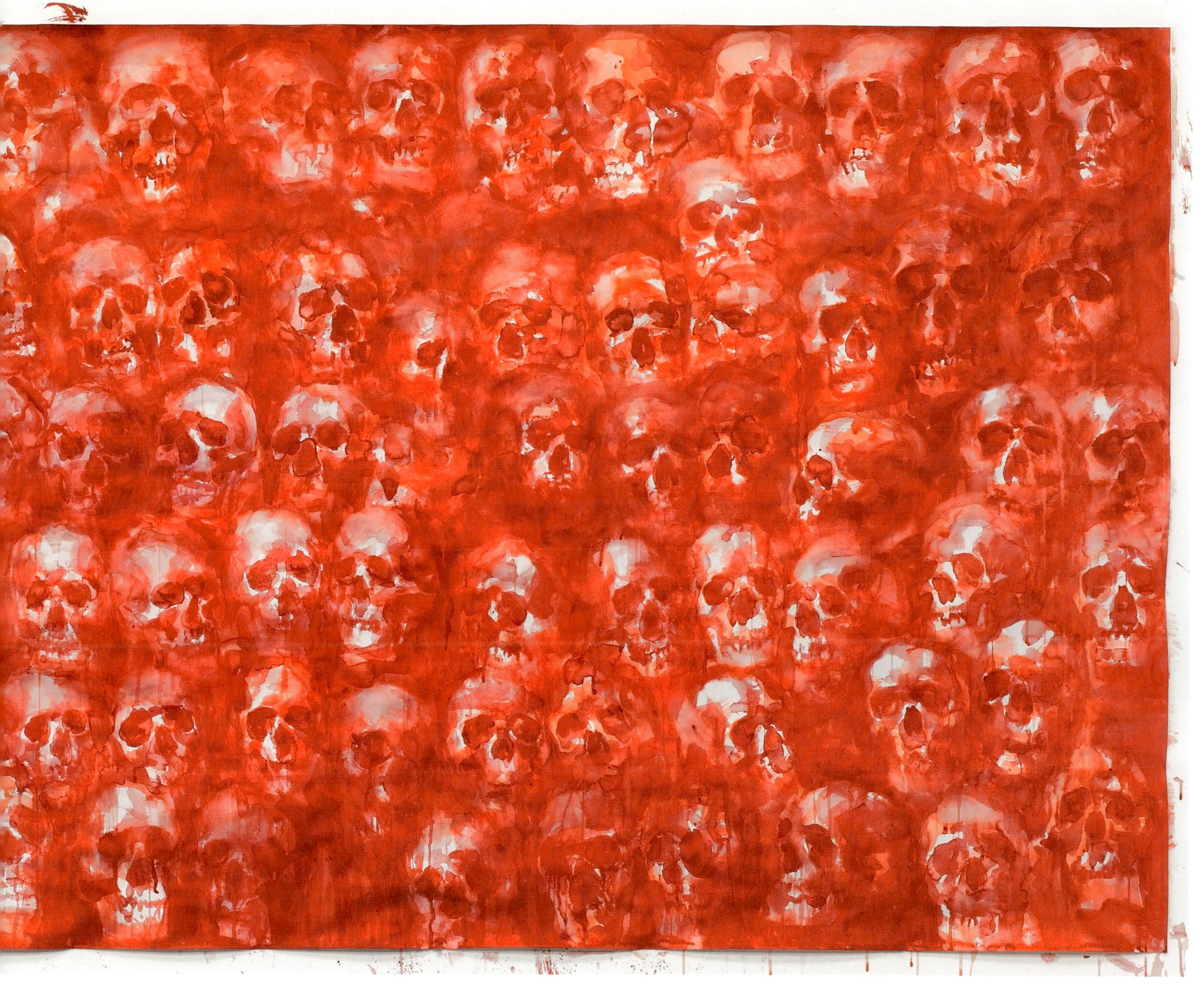

TIGRE DI CARTA
PAPER TIGER

«Presumo di essere un artista cinese ed europeo, ma sono prima di tutto un artista»

Inizialmente Yan Pei-Ming ha dipinto volti di persone anonime, a eccezione di Mao Zedong, soggetto imprescindibile della pittura di propaganda durante la Rivoluzione culturale (1966-1976), la cui immagine è diventata fondamentale per l'artista, che l'ha integrata nella propria storia personale, soprattutto dopo che, lasciata la Cina, ha potuto estrapolarne la figura dalla tradizione agiografica.
Una parte del lavoro di Yan Pei-Ming è dedicata a soggetti che fanno parte dell'immaginario che gli europei hanno della Cina: la tigre e il dragone, Buddha e Bruce Lee. L'attore – un mito, esempio perfetto degli esordi della globalizzazione, pensato come anello di congiunzione tra Hollywood e Hong Kong – è collegato alla tigre e al dragone, due delle figure del Kung-fu Shaolin, uno dei principali e più antichi stili di arti marziali cinesi. Il drago, simbolo di buon auspicio, emblema stesso della Cina, ha un ruolo preponderante nella mitologia e incarna il concetto di *yang*, elemento maschile. È anche – come la Tigre – uno dei dodici segni zodiacali cinesi, ma l'unico a essere un animale leggendario, dai lunghi baffi e le cui zampe terminano in artigli affilati. Precetti, quelli della pratica marziale orientale, che sembra si possano applicare anche alla pittura di Yan Pei-Ming.

"I assume I am both a Chinese and a European artist, but I am first of all an artist"

Yan Pei-Ming's first portraits depicted anonymous people, except for those portraying Mao Zedong, the inevitable subject of all propaganda painting during the Cultural Revolution (1966–76). The Chairman's image became central for our artist, who integrated it into his personal experience, especially when, having left China, he was able to extrapolate the leader's figure from its celebratory dimension.
A part of Yan Pei-Ming's work is devoted to subjects that belong to the imagery associated by Westerners with China: the tiger and the dragon, the Buddha and Bruce Lee. The actor – a mythical figure who perfectly embodies the birth of globalization and is considered the link connecting Hollywood to Hong Kong – is related to the tiger and the dragon, which are both Shaolin Kung Fu forms, one of the most important and ancient styles of Chinese martial arts. The Dragon, a good omen and the emblem of China itself, plays a predominant role in mythology and embodies the concept of yang, the masculine element. Along with the Tiger, it is also one of the twelve signs of the Chinese zodiac, with its long whiskers and its paws ending in sharp claws, though it is the only legendary beast of the twelve. It appears that the precepts of oriental martial arts apply to Yan Pei-Ming's painting as well.

MAO ROUGE

2006
olio su tela / oil on canvas
cm 350 × 350
Collezione privata / Private collection

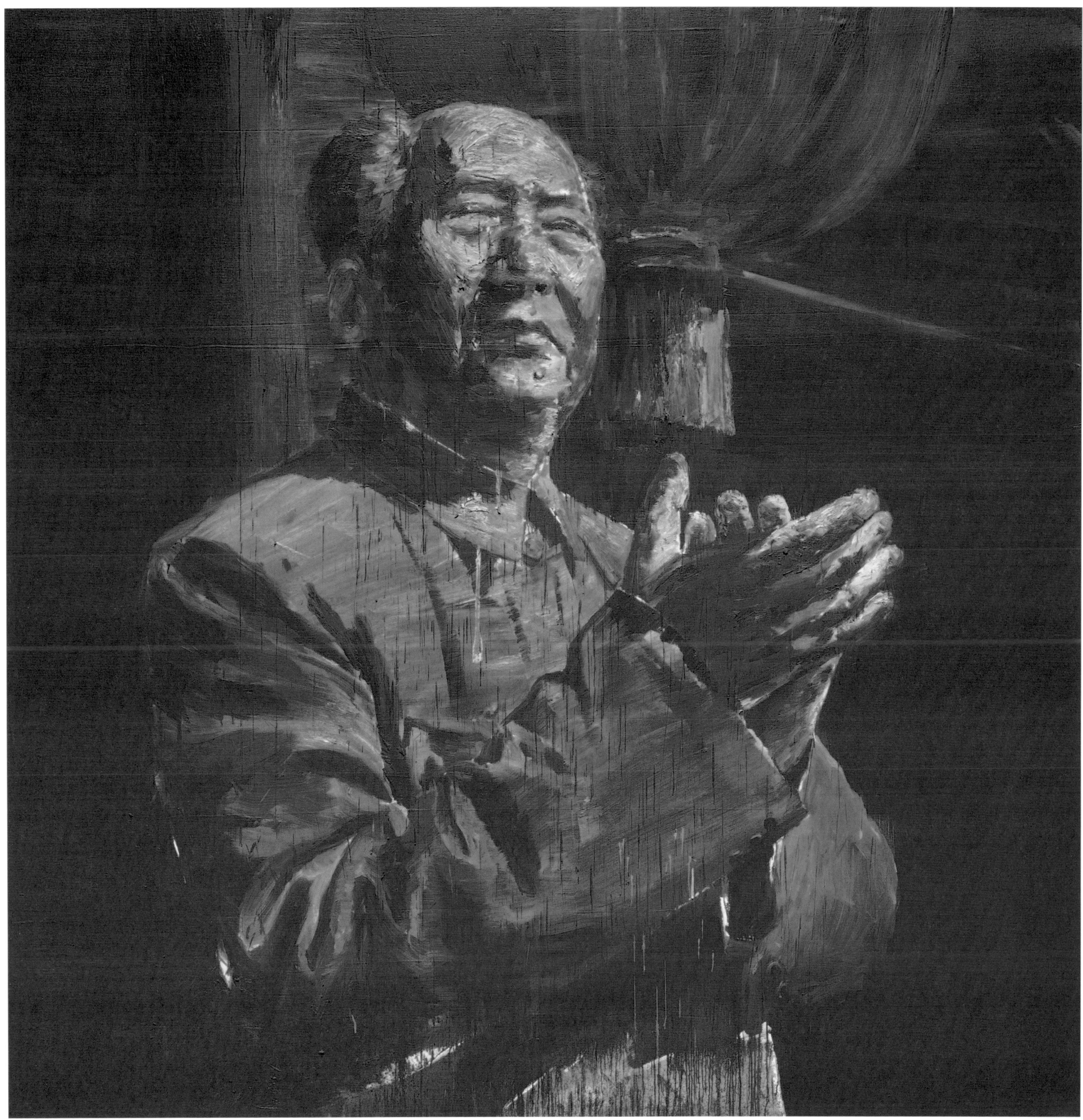

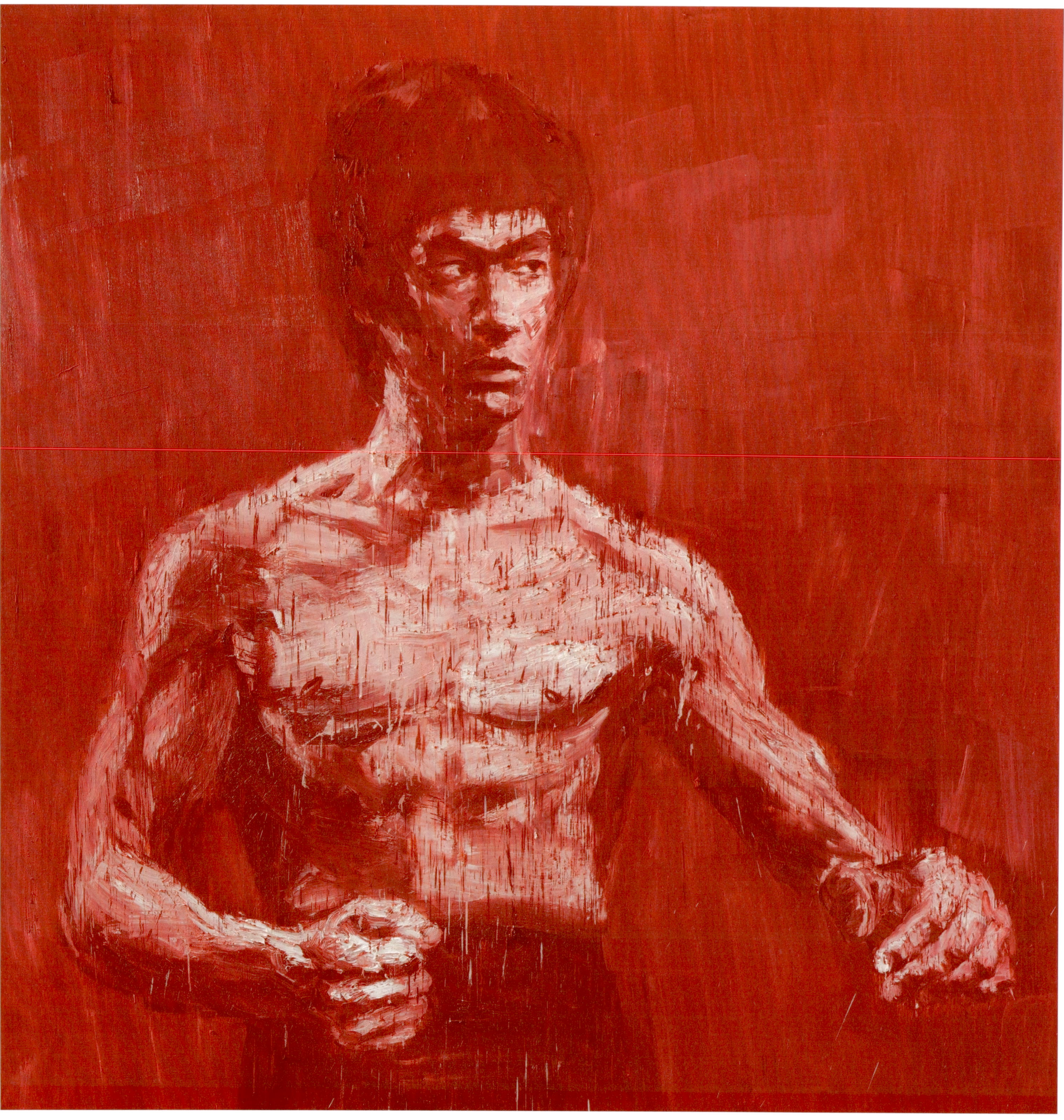

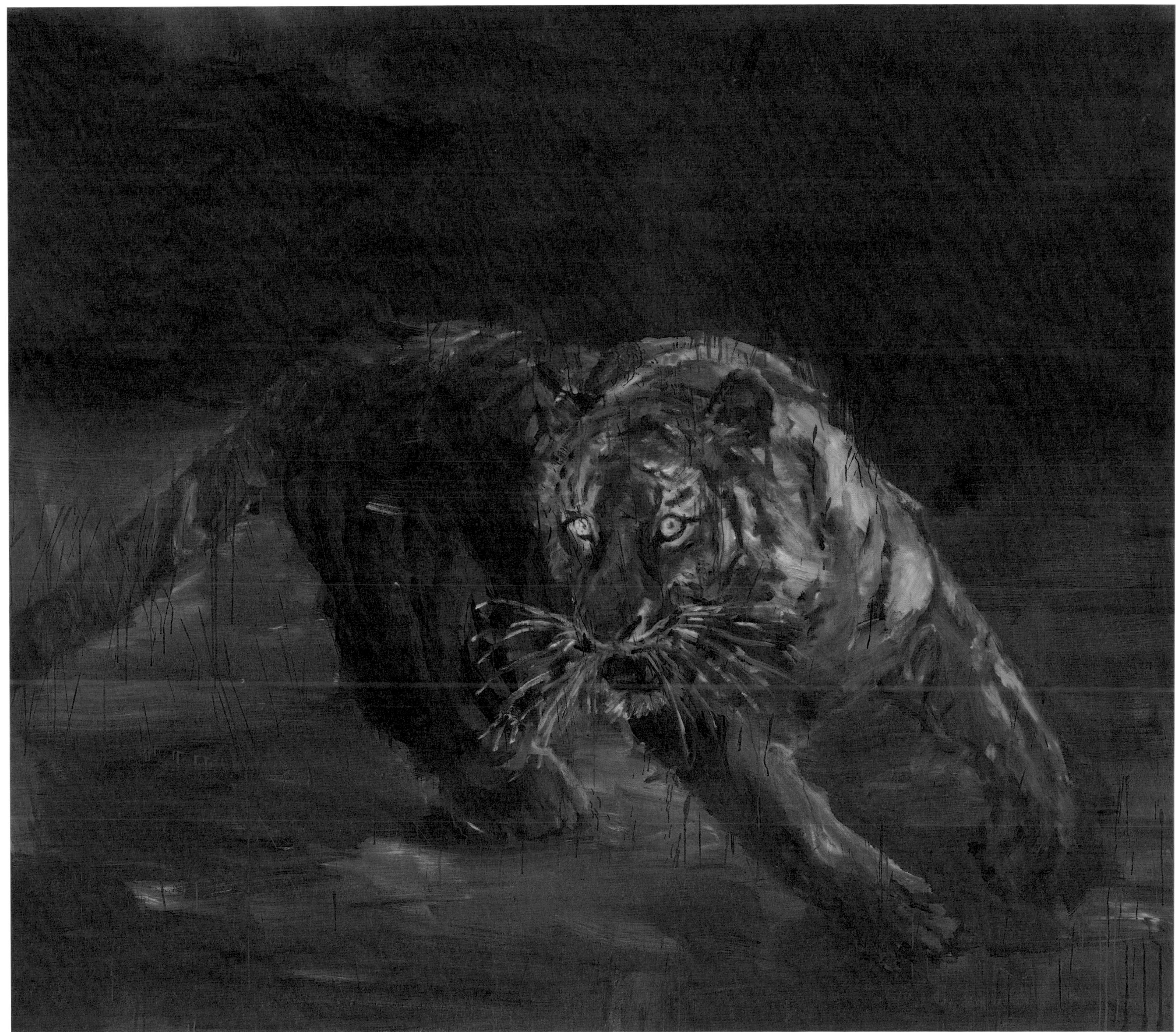

BRUCE LEE

2007
olio su tela / oil on canvas
cm 350 × 350
Collezione privata / Private collection

TIGRE ROUGE VERMILLION DE CHINE

2023
olio su tela / oil on canvas
cm 240 × 280
Courtesy MASSIMODECARLO
e / and **Thaddaeus Ropac gallery**

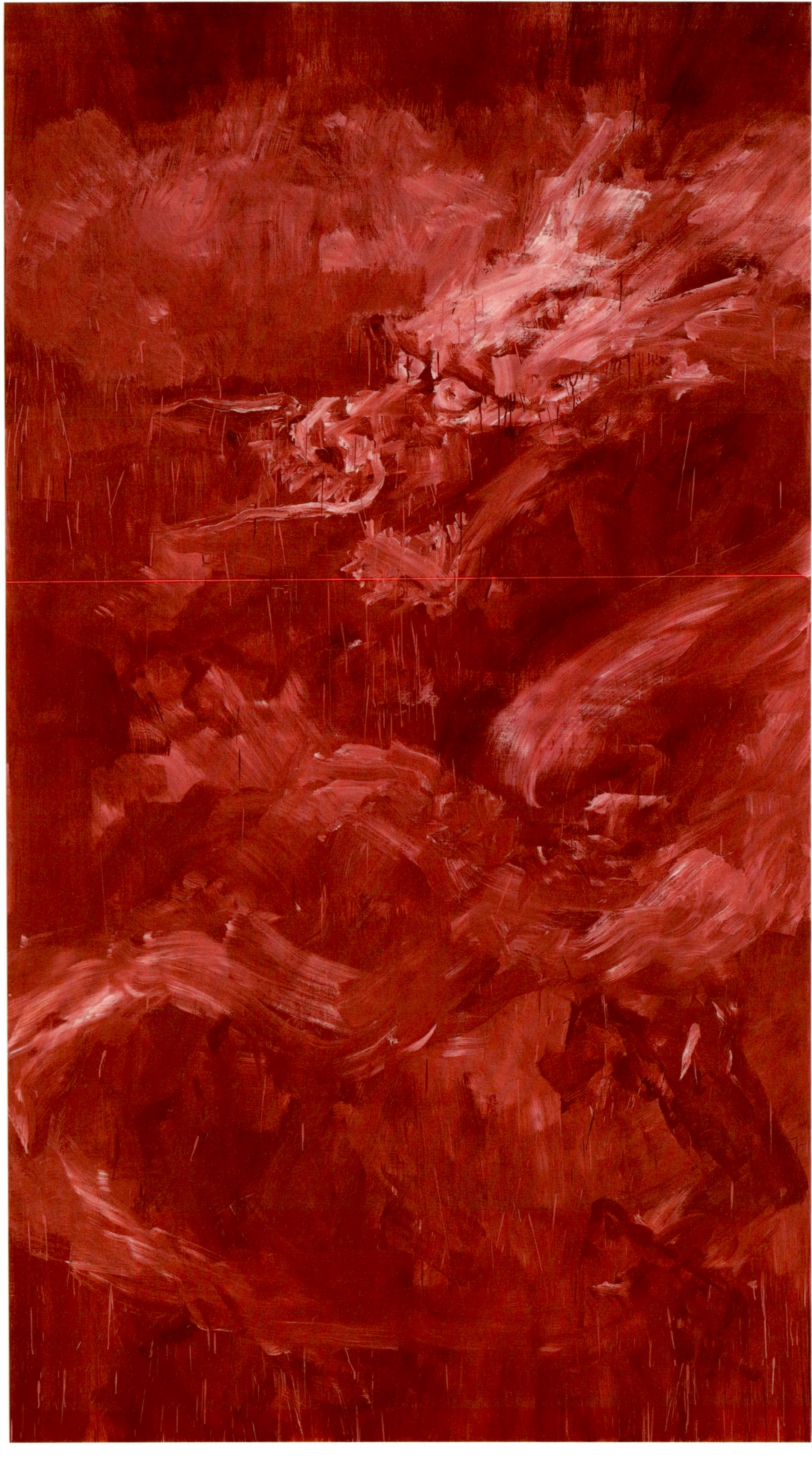

DRAGON ROUGE VERMILLION DE CHINE

particolare / detail
2023
olio su tela / oil on canvas
cm 350 × 200
Courtesy MASSIMODECARLO
e / and **Thaddaeus Ropac gallery**

DRAGON ROUGE VERMILLION DE CHINE

2023
olio su tela / oil on canvas
cm 350 × 200
Courtesy MASSIMODECARLO
e / and **Thaddaeus Ropac gallery**

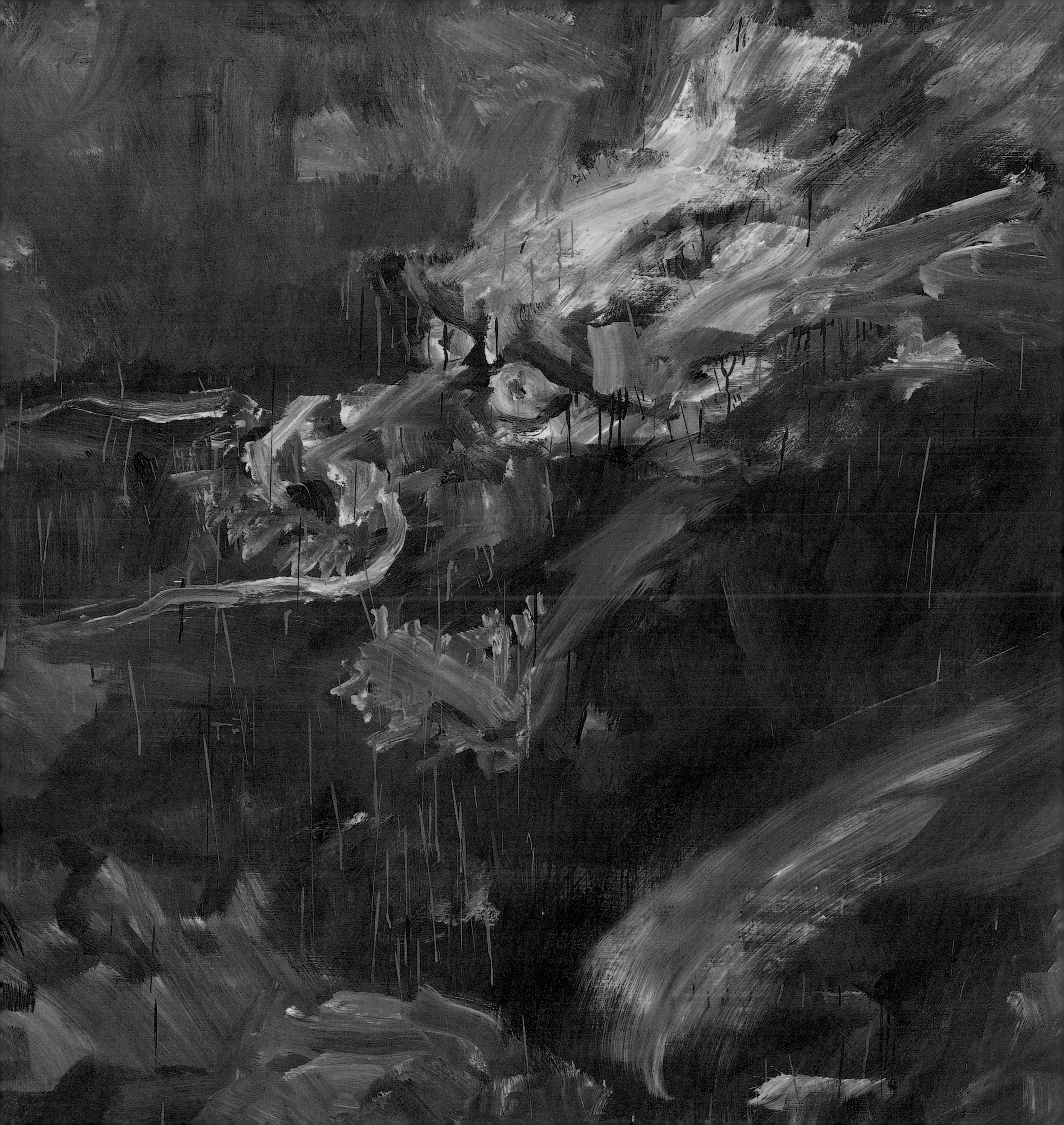

STORIE ITALIANE
ITALIAN STORIES

«L'attualità che racconto diventerà un giorno pittura di storia»

Il corpo di Pasolini ritrovato all'idroscalo di Ostia il 2 novembre 1975 e quello di Aldo Moro lasciato il 9 maggio 1978 dalle Brigate Rosse a Roma nel bagagliaio di una Renault 4 rossa in via Caetani, a uguale distanza delle sedi del Partito Comunista Italiano e della Democrazia Cristiana, sono tra le vicende italiane più drammatiche dell'ultimo secolo. Yan Pei-Ming sceglie di presentare la dimensione pubblica di questi eventi già divenuti storici, sebbene non troppo lontani cronologicamente dall'oggi.
Le immagini, quasi astratte a distanza ravvicinata, macchie di colore che si intrecciano e sovrappongono, acquisiscono nitidezza solo da lontano; lo stesso distacco necessario affinché avvenimenti di un passato prossimo possano essere compresi e analizzati.
Durante il soggiorno romano del 1993-1994 Yan Pei-Ming aveva apprezzato, oltre all'arte antica, anche la produzione cinematografica italiana e in particolare *Roma città aperta* di Rossellini e *Mamma Roma* di Pasolini, i cui fotogrammi ha poi riletto nelle proprie tele. Più recentemente attraverso la *Crucifixion*, ispirata al pasoliniano *Vangelo secondo Matteo*, ha amplificato la crudissima scena del ritrovamento del corpo del regista.

"The current events I describe will one day become examples of history painting"

The discovery of Pasolini's body at the seaplane base in Ostia on November 2, 1975 and of Aldo Moro's corpse left on May 9, 1978 by the Brigate Rosse in the trunk of a red Renault 4 in Via Caetani in Rome, a spot equidistant from the headquarters of the Italian Communist Party and those of the Christian Democracy, are among the most dramatic events in recent Italian history. Yan Pei-Ming chooses to present the public aspect of these incidents which have already acquired historical relevance, even though they are not chronologically distant from the present.
The images, which are almost abstract when seen from close up, composed of overlapping, intertwined patches of color, acquire clarity only when viewed from a distance; the same distance that is required to understand and analyze events of the near past.
During a stay in Rome in 1993–94, Yan Pei-Ming became enamored of ancient art, but also Italian movies, in particular Rossellini's *Roma città aperta* (Rome, Open City) and Pasolini's *Mamma Roma*. He has used frames from both films in his works. More recently, in his *Crucifixion*, inspired by Pasolini's *Vangelo secondo Matteo* (The Gospel According to St. Matthew), he has magnified the extremely crude scene of the discovery of the director's body.

ALDO MORO
(9 MAY 1978, ROME)

2017
olio su tela / oil on canvas
cm 250 × 300
Collezione privata / Private collection

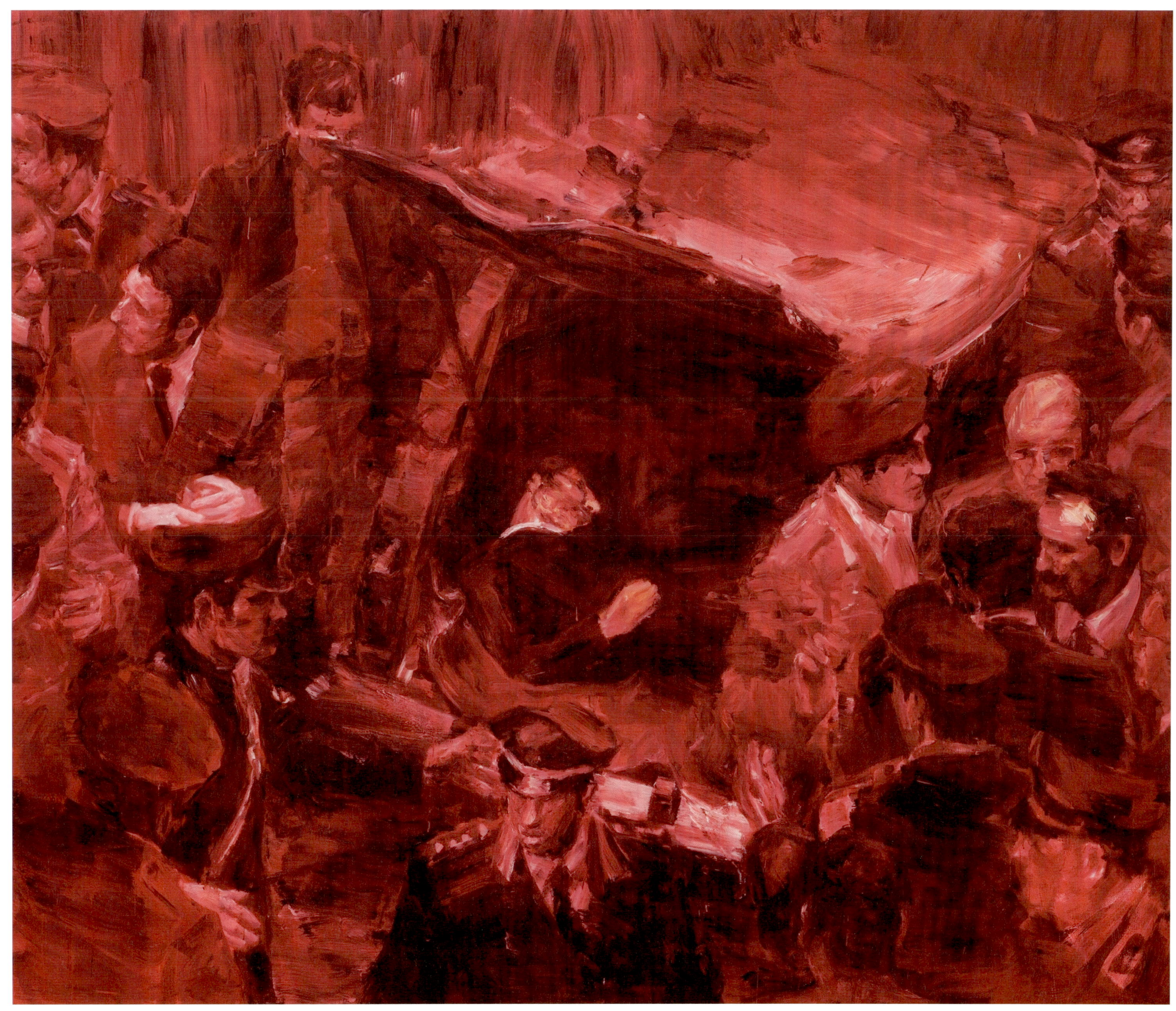

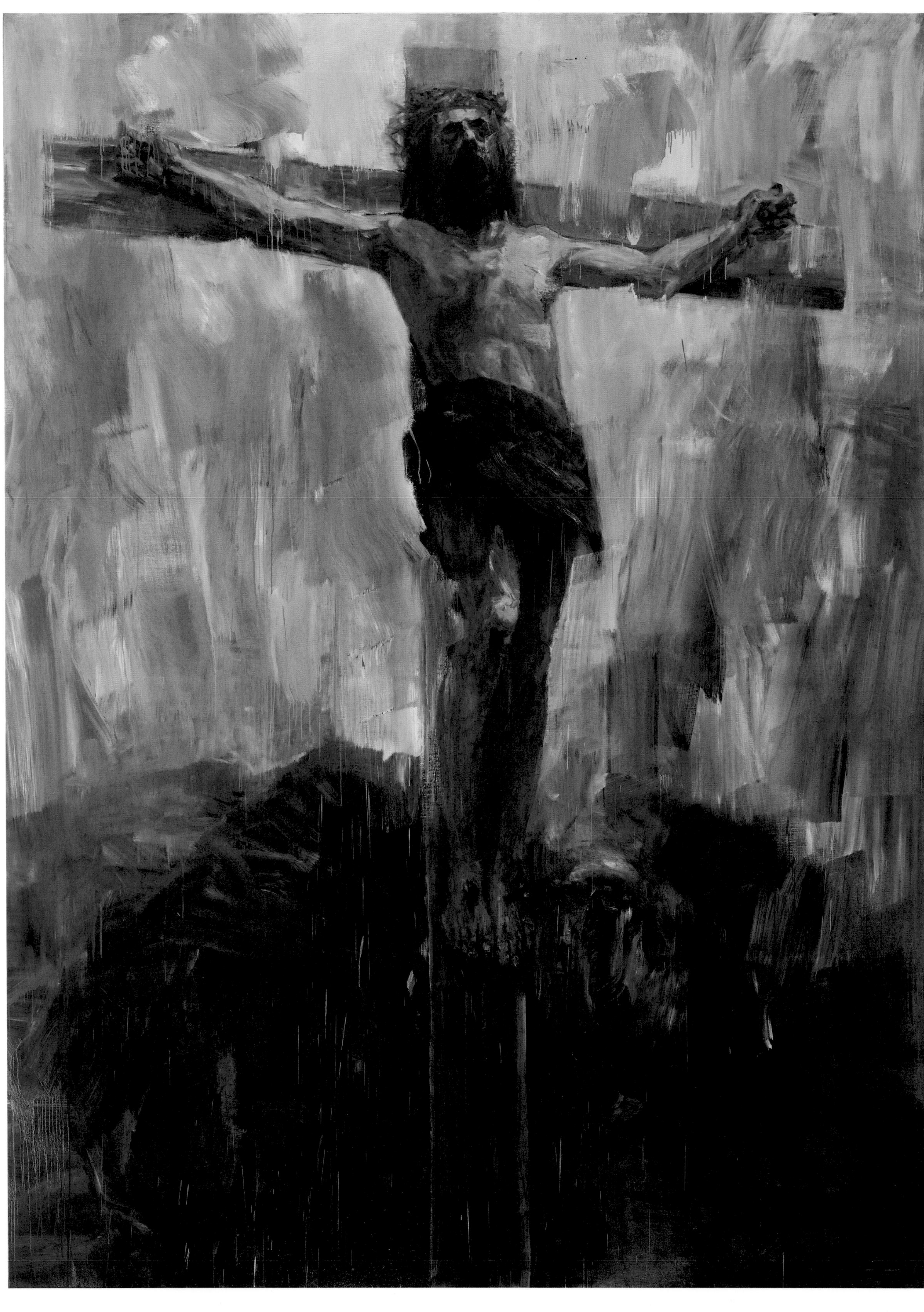

CRUCIFIXION
(IL VANGELO
SECONDO MATTEO)

2023
olio su tela / oil on canvas
cm 400 × 300
Courtesy MASSIMODECARLO
e / and **Thaddaeus Ropac gallery**

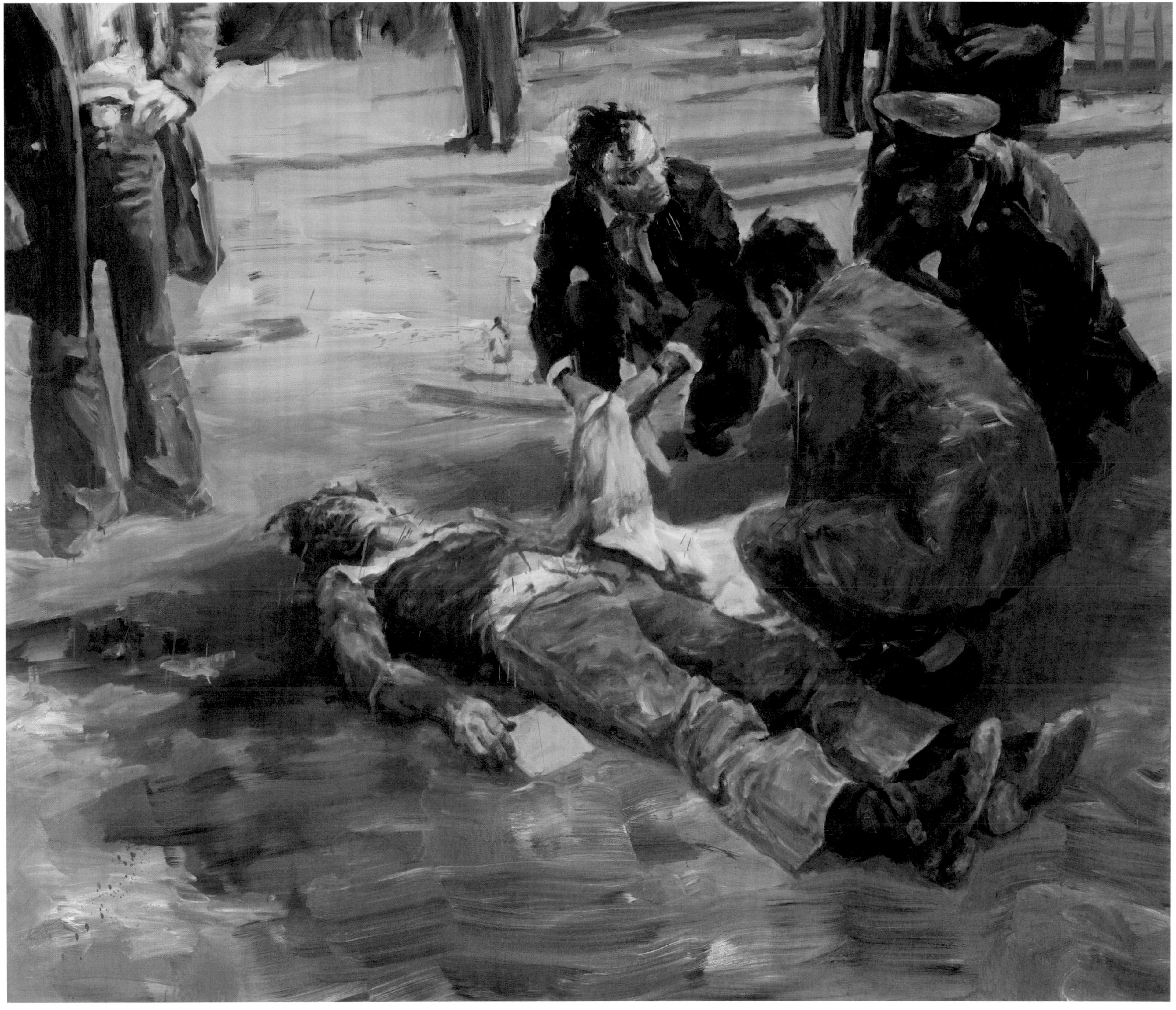

OSTIA, DUE NOVEMBRE 1975

2023
olio su tela / oil on canvas
cm 250 × 300
Courtesy MASSIMODECARLO
e / and Thaddaeus Ropac gallery

A EST DELL'EDEN
EAST OF EDEN

«Per me il tema è la pittura, prima di tutto»

Il titolo dell'opera si riferisce alla citazione biblica della *Genesi* (4:11-16) in cui Caino, dopo aver ucciso il fratello Abele, viene maledetto dal Signore che lo scaccia «lontano dalla terra che ha aperto la sua bocca per ricevere il sangue di tuo fratello dalla tua mano. Quando coltiverai il suolo, esso non ti darà più i suoi prodotti e tu sarai vagabondo e fuggiasco sulla terra». Allora Caino «si allontanò dal Signore e visse nel paese di Nod, a est dell'Eden».
Yan Pei-Ming trasforma gli uomini con i loro istinti primordiali in animali feroci – orsi, leoni, lupi, bufali, aquile, tigri, gorilla – che, esiliati dal paradiso terrestre, si affrontano e sbranano con violenza per suggerire la lotta per la sopravvivenza che da sempre ha accompagnato la storia umana.
Il monumentale dittico, scurissimo e materico, è dipinto da Yan Pei-Ming «come se stessi facendo la guerra», un combattimento, un corpo a corpo con la pittura, attraverso pennellate violente inferte come fendenti sulla tela.
Per le lotte tra animali in un contesto boschivo che uniscono il paesaggio alla pittura animalista, Yan Pei-Ming si è ispirato ai dipinti di Gustave Courbet, artista che conosceva e amava già quando era ancora in Cina, dove era tenuto in alta considerazione soprattutto perché era stato un rivoluzionario che aveva preso parte alla Comune socialista parigina del 1871.

"For me the theme is painting, first and foremost"

The title of the work refers to a quote from *Genesis* (4:11-16), where after killing Abel, Cain is cursed by the Lord, who banishes him "from the ground that opened its mouth to receive your brother's blood from your hand. If you till the ground, it shall no longer give you its produce. You shall become a constant wanderer on the earth [...] Cain then left the Lord's presence and settled in the land of Nod, east of Eden."
Yan Pei-Ming turns humans and their primeval instincts into wild beasts – bears, lions, wolves, buffalo, eagles, tigers, gorillas – who, exiled from the Garden of Eden, violently challenge and tear each other to pieces, alluding to the struggle for survival that has always gone hand in hand with the history of humanity.
This monumental diptych – dark and heavily textured – was painted by Yan Pei-Ming "as if I were waging a war," engaged in a struggle, wrestling with the painting, in a series of violent brushstrokes, like blows striking the canvas.
For the animals fighting in the woods, where landscape painting and animal painting come together, Yan Pei-Ming drew inspiration from the works of Gustave Courbet, an artist whom he knew and loved from his days in China, where this painter was held in high regard mainly because he had been a revolutionary and had participated in the socialist Commune of Paris in 1871.

À L'EST D'EDEN

2015
dittico / diptych
olio su tela / oil on canvas
cm 400 × 600
Collezione privata / Private collection

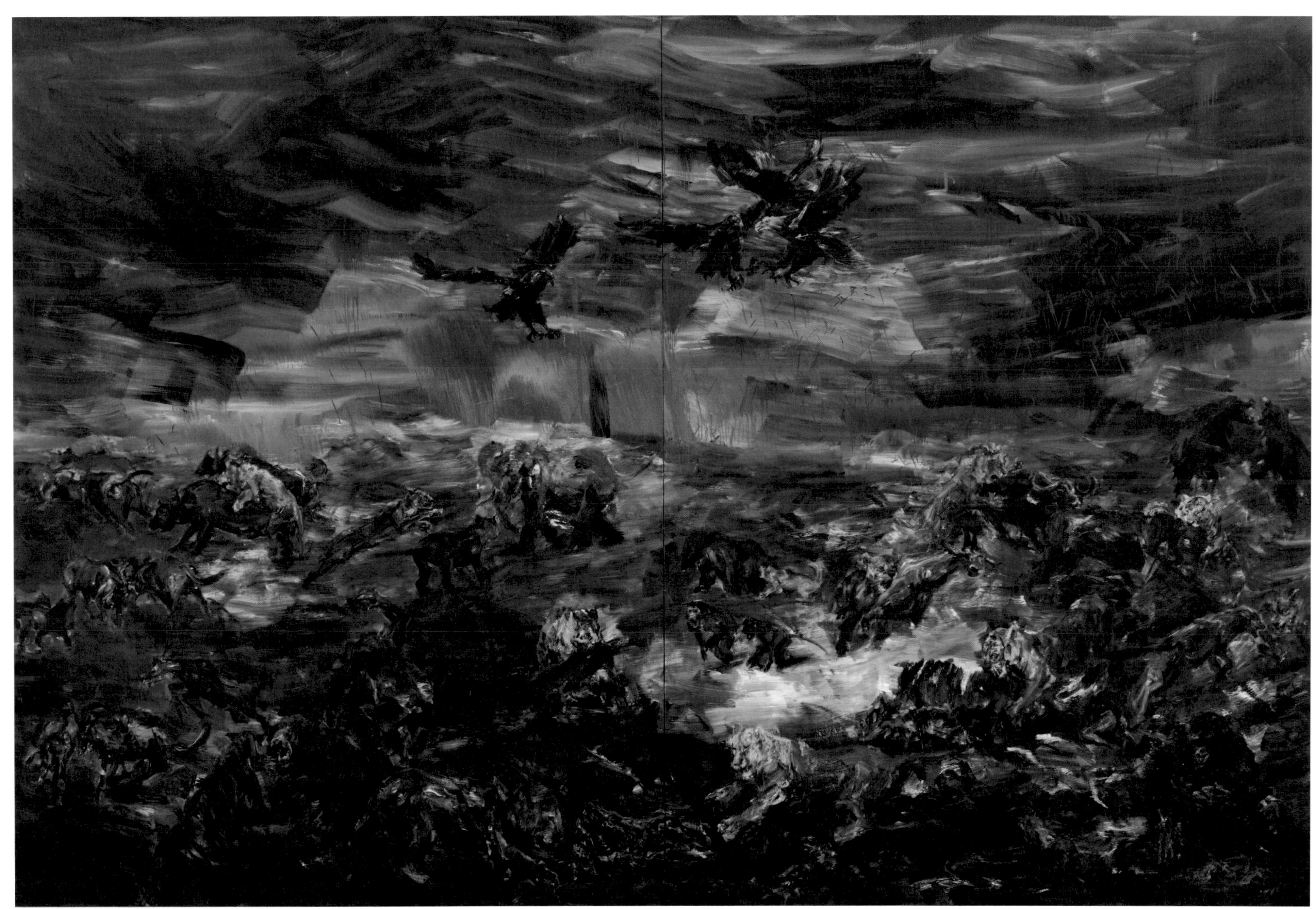

>
À L'EST D'EDEN

particolare / detail
2015
dittico / diptych
olio su tela / oil on canvas
cm 400 × 600
Collezione privata / Private collection

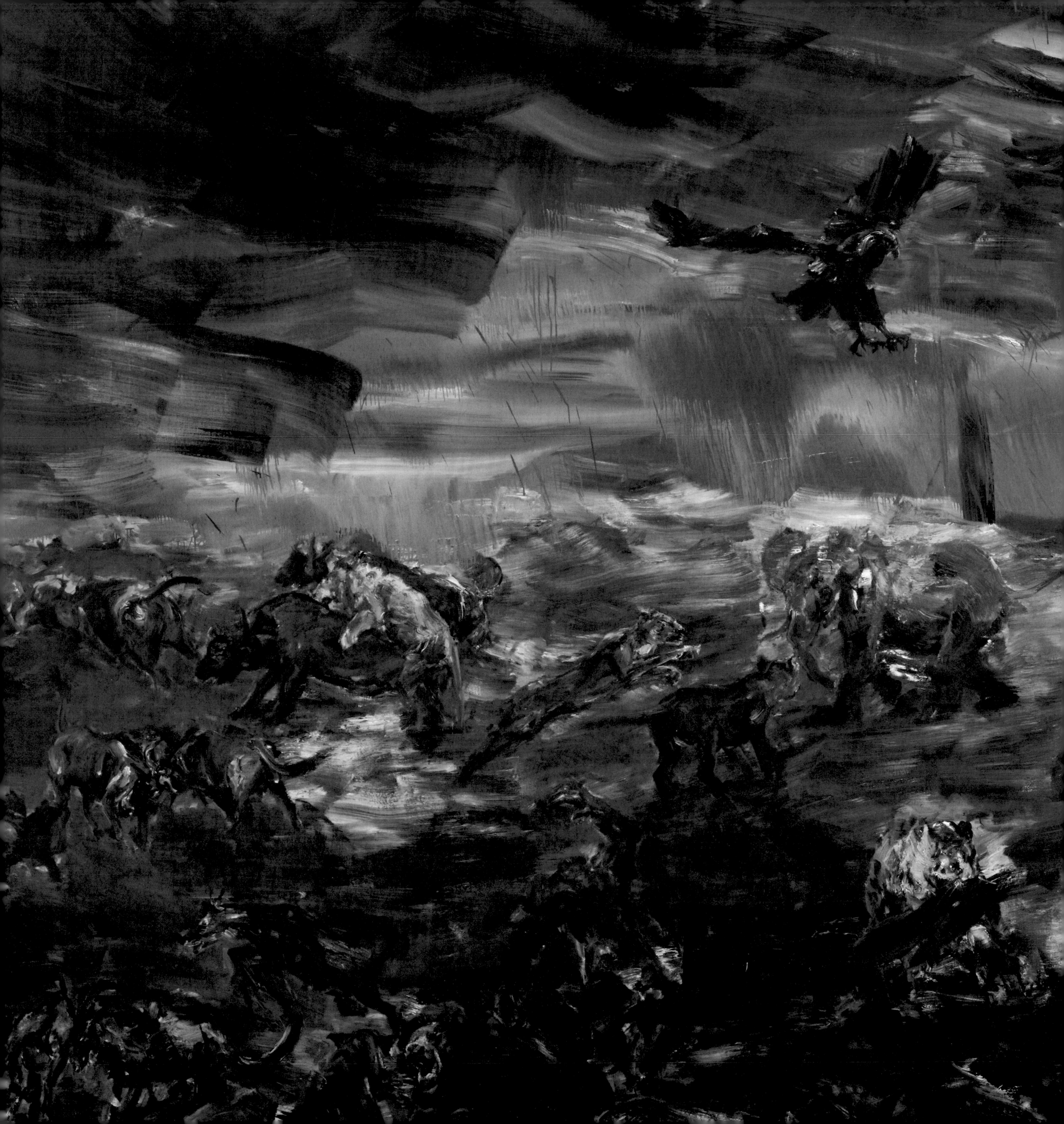

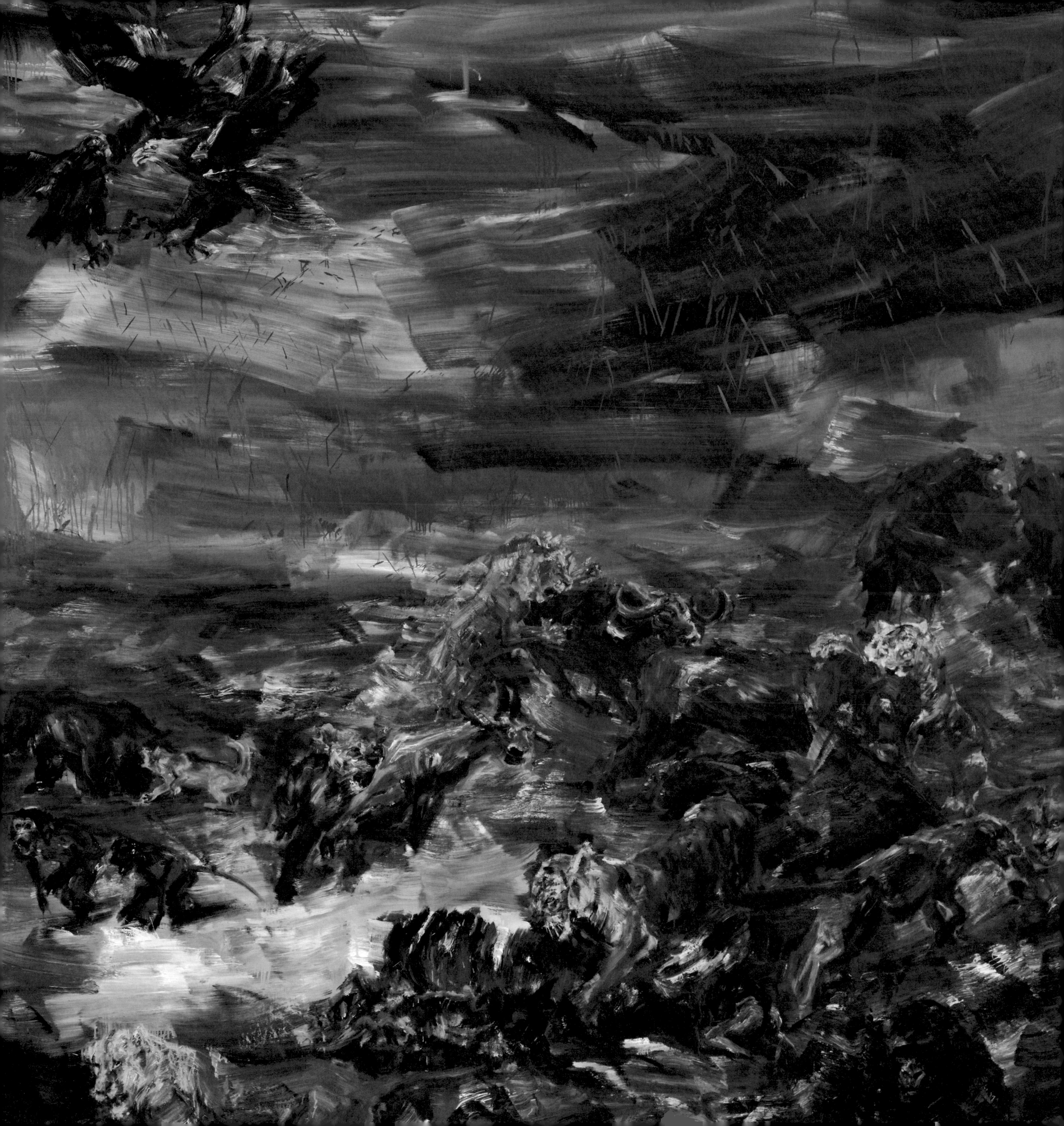

LA NOTTE
THE NIGHT

«La morte è sempre presente. Per chiunque, e in qualsiasi momento, è presente»

La Seconda guerra mondiale e i suoi drammi, di cui vengono presentati i momenti conclusivi, sono racchiusi in due potenti lavori di Yan Pei-Ming: quello che rappresenta il corpo di Mussolini – giustiziato il 28 aprile 1945 nel comasco e il giorno seguente appeso a testa in giù a Milano a piazzale Loreto, assieme all'amante Claretta Petacci –, e quello del ritratto di Adolf Hitler, ispirato a *Der Bannerträger* dell'artista austriaco Hubert Lanzinger (1880-1950).
Questo dipinto celebrava nel 1933 la presa del potere del Nazionalsocialismo attraverso la figura del Führer a cavallo, che indossa un'armatura medievale e regge in mano uno stendardo con la croce uncinata. Al termine del conflitto i militari americani confiscarono l'opera e, dopo aver forato per spregio l'occhio dell'icona del male, la trasferirono a Washington, allo United States Army Center of Military History, il centro che riunisce gli archivi storici dell'esercito degli Stati Uniti d'America.
Yan Pei-Ming ha utilizzato dunque una foto e un dipinto come fonte d'ispirazione per rappresentare un'epoca fosca, tragica, evocata dal cane che diviene trasfigurazione della ferocia umana e da un cupo paesaggio boschivo notturno, cui la scala e la tavolozza conferiscono una dimensione allegorica. La macchia dipinta sull'occhio di Hitler, poi, rimarca la volontà di *damnatio memoriae* di un'epoca terribile per la sua mancanza di umanità.

"Death is ever present. For everyone, and at all times, it is present"

The tragedy of WWII, presented here in its final moments, is contained in two powerful works by Yan Pei-Ming: the one representing the body of Mussolini – executed on April 28, 1945 near Como and hung upside down the following day in Milan in Piazzale Loreto, alongside his lover, Claretta Petacci – and the one representing the portrait of Adolf Hitler, inspired by *Der Bannerträger* by the Austrian artist Hubert Lanzinger (1880–1950). The latter painting, produced in 1933, celebrated the rise to power of National Socialism by depicting the Führer on horseback, wearing Medieval armor and holding a standard with a Swastika. At the end of the war, the US Army confiscated the work, and after disparagingly making a hole in the eye of the personification of evil, they shipped it to the United States Army Center of Military History in Washington, D.C., where the historical archives of the United States Army are preserved.
Yan Pei-Ming used a photograph and a painting as a source of inspiration for his depiction of this dark, tragic time, evoked by the dog that represents human brutality and by a dark woodland landscape by night, upon which color and scale bestow an allegorical dimension. The smudge of paint on Hitler's eye further underlines the desire for a *damnatio memoriae* of an epoch that was terrible in its lack of humanity.

HITLER,
D'APRÈS HUBERT LANZINGER

2012
olio su tela / oil on canvas
cm 280 × 280
Collezione privata / Private collection
Courtesy M. Ars SA

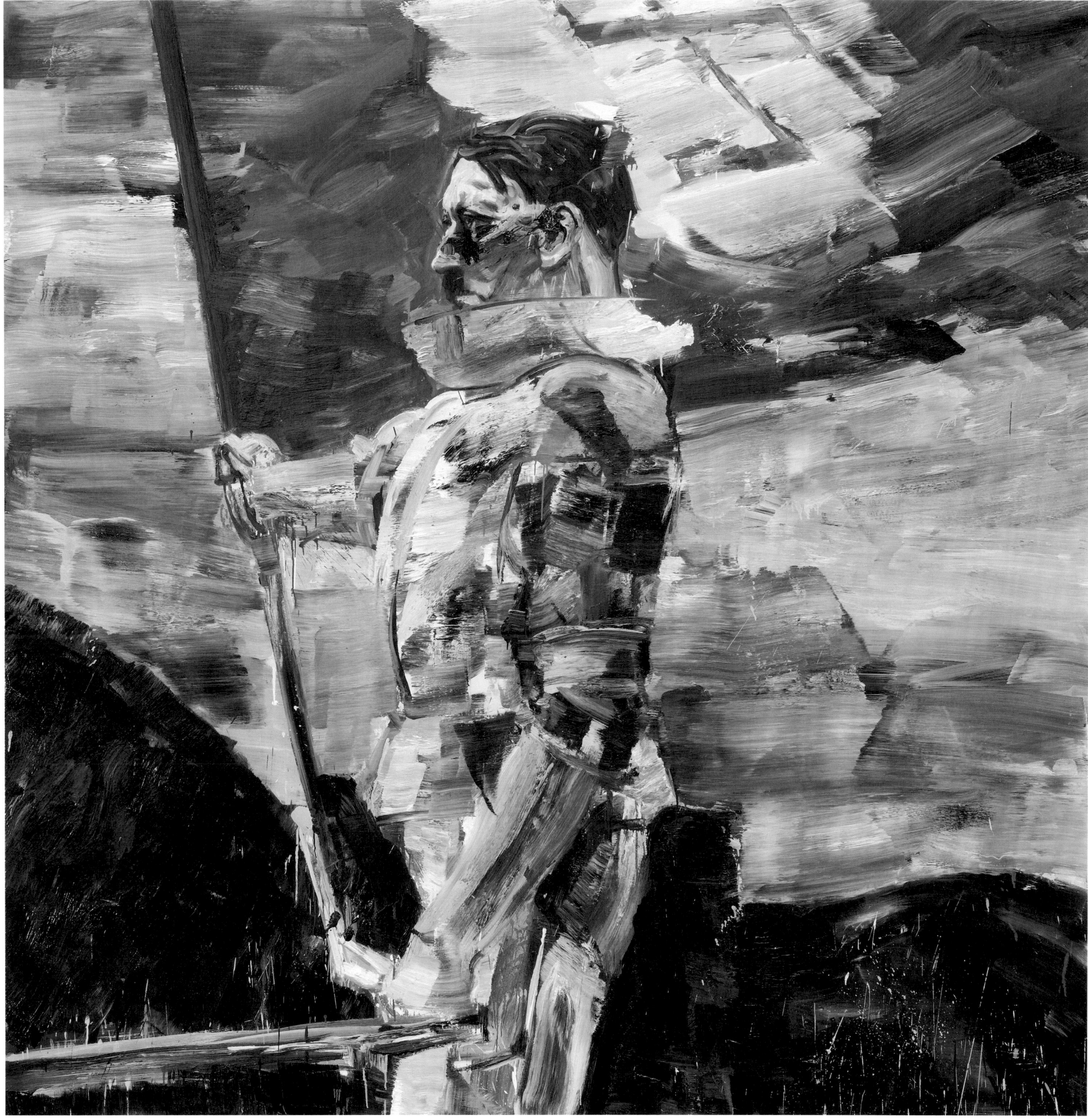

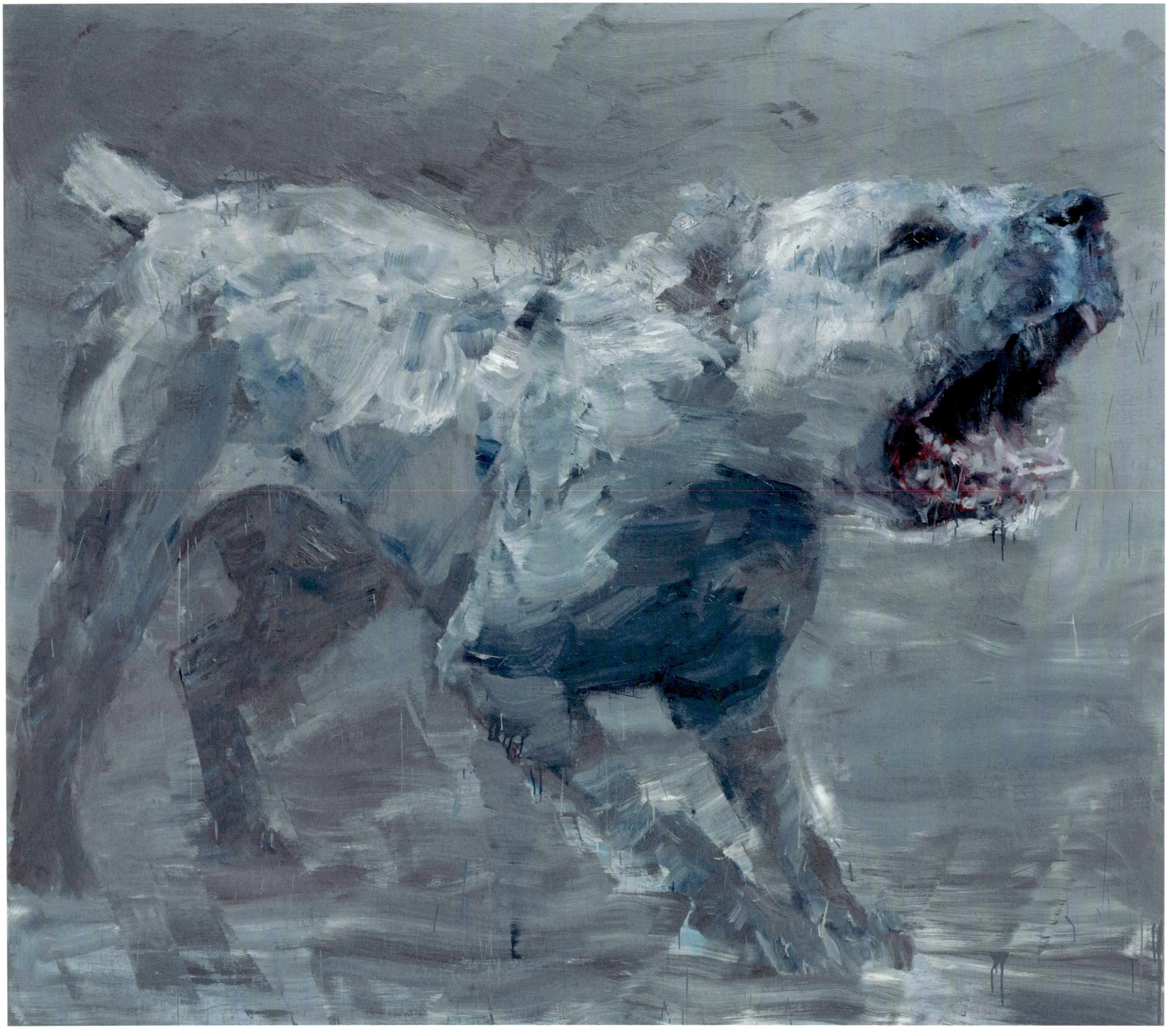

CHIEN HURLANT

2022
olio su tela / oil on canvas
cm 240 × 280
Courtesy MASSIMODECARLO
e / and **Thaddaeus Ropac gallery**

29 APRILE 1945,
PIAZZALE LORETO, MILANO

2022
olio su tela / oil on canvas
cm 350 × 200
Collezione privata / Private collection

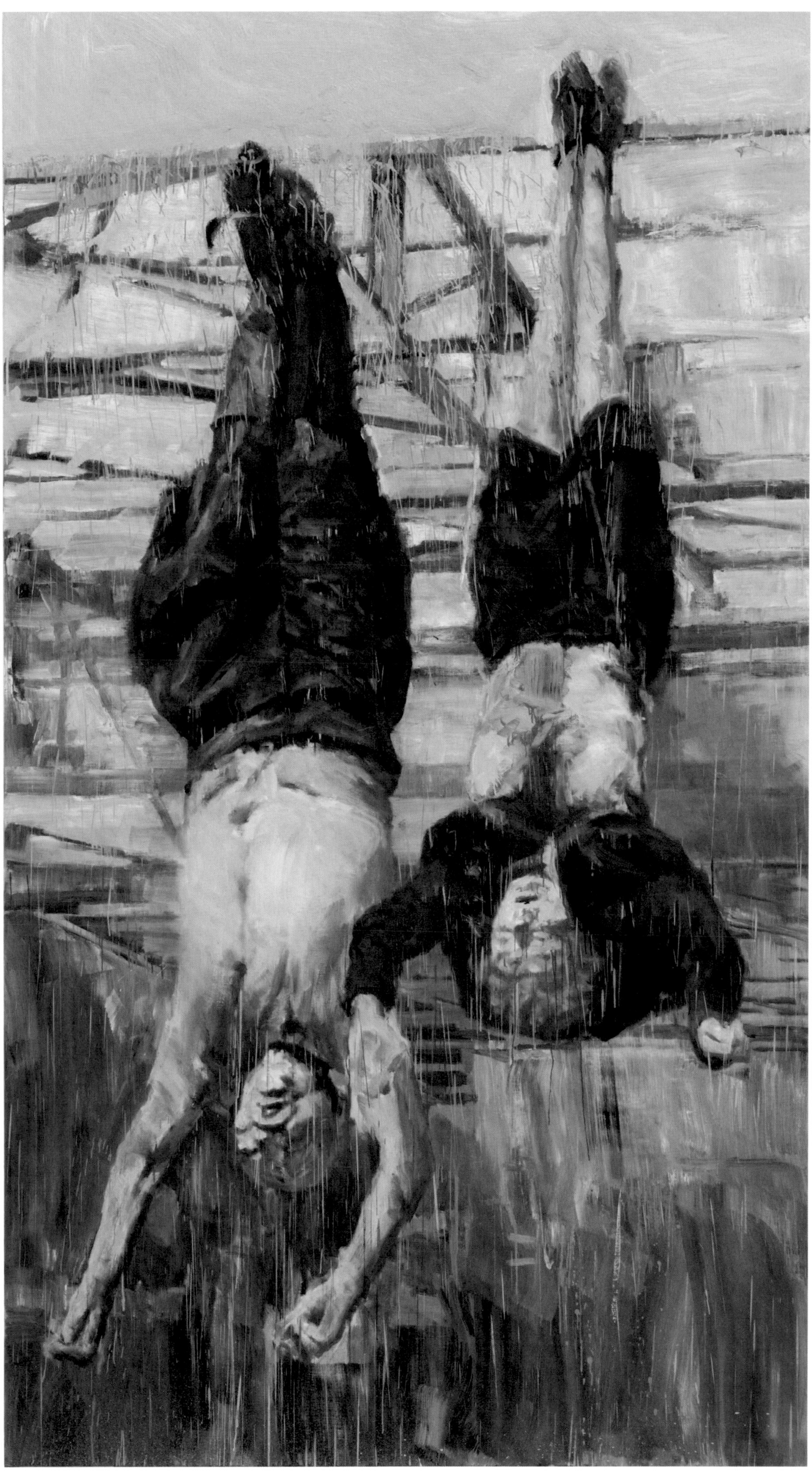

PAYSAGE SOMBRE

2023
olio su tela / oil on canvas
cm 250 × 500
Courtesy MASSIMODECARLO
e / and **Thaddaeus Ropac gallery**

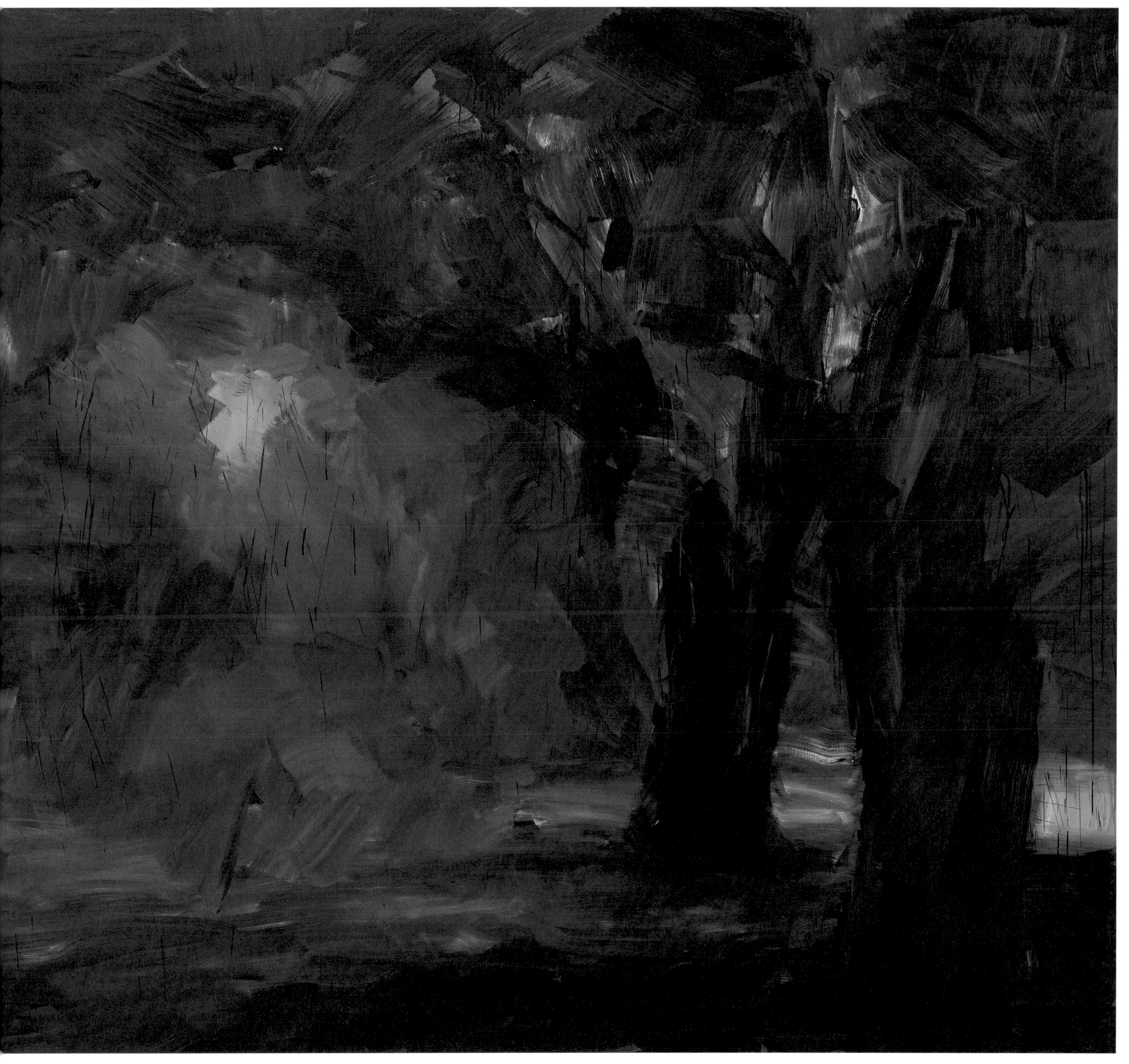

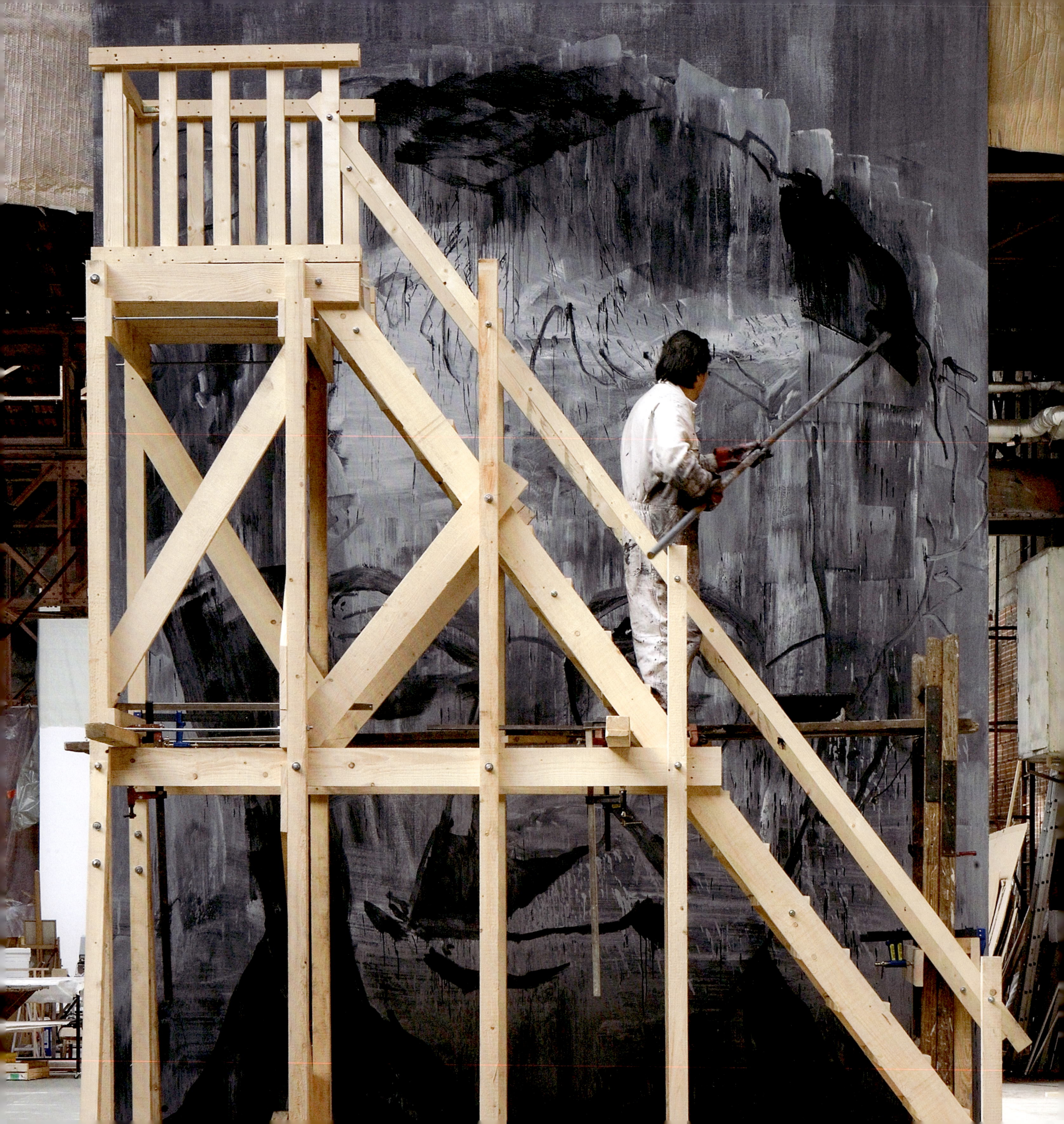

APPARATI
APPENDIX

BIOGRAFIA
BIOGRAPHY

[1]
***Selfportrait at Four Ages*, 2006**
particolare / detail,
tela / canvas **1,**
quadrittico / quadriptych,
olio su tela / oil on canvas,
cm 100 × 100

[2]
***Autoportrait*, 1978**
grafite su carta / graphite
on paper, **cm 44 × 30,6**

1960, 1° dicembre / December 1st
Nasce a Shanghai nel 1960, sotto il segno del Topo, da una famiglia di operai, in un tempio buddhista abbandonato.
Yan Pei-Ming is born in Shanghai in an abandoned Buddhist temple in 1960, the year of the Rat, to a family of factory workers.

1963
La famiglia si trasferisce in un altro tempio buddhista sconsacrato.
The family moves to another deconsecrated Buddhist temple.

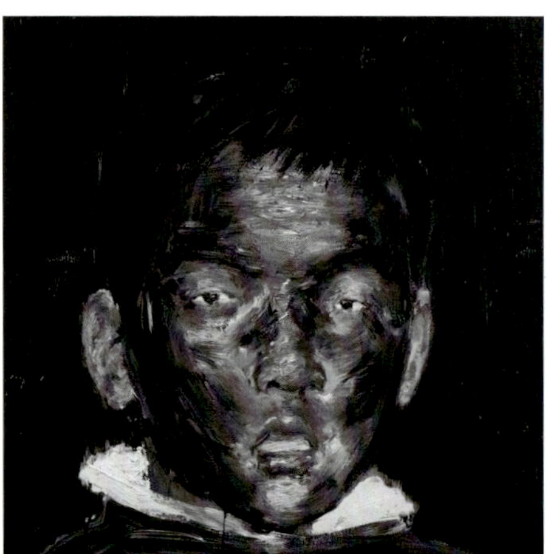

[1]

1966, maggio / May
Mao Zedong annuncia la Rivoluzione culturale. I cinque componenti della famiglia sono espulsi dal tempio, riconvertito in commissariato di polizia di quartiere, e alloggiati in un appartamento nuovo di diciotto metri quadri.
Mao Zedong announces the Cultural Revolution. The family of five is expelled from the temple, which is converted into a neighborhood police station, and they are moved into a new, eighteen square meter apartment.

1966, ottobre / October
Nascita del fratello Pei-Qing.
Yan Pei-Ming's brother, Pei-Qing, is born.

1968
Rimane affascinato da un vicino che dipinge ritratti di Mao.
As a boy, he is fascinated by a neighbor who paints portraits of Mao.

1974
Dipinge ritratti di propaganda (Mao, soldati, contadini, operai).
He paints political propaganda portraits (Mao, soldiers, farmers, factory workers).

1976, 9 settembre / September 9th
Muore Mao Zedong. Dipinge per la prima volta un ritratto di Mao in bianco e nero.
Mao Zedong dies. Yan Pei-Ming paints his first black and white portrait of the Chairman.

1978, marzo / March
È profondamente colpito dalla mostra *French Landscape and Peasants: Rural Life in France in the 19th Century, 1820-1905* al Museum of Art and History di Shanghai.
He is deeply impressed by an exhibition held at the Museum of Art and History in Shanghai, *French Landscape and Peasants: Rural Life in France in the 19th Century, 1820–1905.*

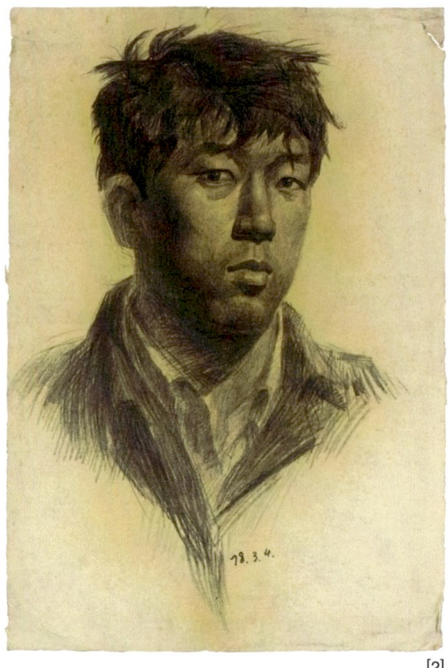

[2]

1979, giugno / June
Viene respinta la sua domanda di ammissione alla Scuola di arti applicate di Shanghai.
Yan Pei-Ming's application to the Shanghai Art & Design School is rejected.

1980, 25 agosto / August 25th
Approfittando della riforma dell'istruzione introdotta da Deng Xiaoping nel 1977, che permetteva ai cittadini cinesi di studiare all'estero, lascia la Cina per Parigi, dove va a vivere presso uno zio materno.
Taking advantage of the education reform introduced by Deng Xiaoping in 1977, which allowed Chinese citizens to study abroad, Yan Pei-Ming moves to Paris, where he lives with his maternal uncle.

1980, 23 novembre / November 23rd
Si trasferisce a Digione, dove studia il francese e, per mantenersi, lavora al ristorante Le Dragon Céleste.
He moves to Dijon where he studies French and works at the restaurant Le Dragon Céleste to support himself.

1981, ottobre / October
Viene ammesso alla École nationale supérieure des beaux arts di Digione e inizia a frequentare i corsi.
He is admitted to the École nationale supérieure des beaux arts de Dijon where he begins attending classes.

[3]
Residenza d'artista / Artist residency, **luglio-settembre 1988**
July–September, 1988
Sète, Villa Saint-Clair

[4]
***Au bord de l'eau – 108 brigands*, mostra** / exhibition ***Villa(s) 5*, 6 settembre-2 ottobre 1994**
September 6th–October 2nd, 1994
polittico, 120 tele / polyptych, 120 canvases, **cm 130 × 100 ciascuno** / each
Roma, Villa Medici

[5]
***Faces from Soweto – 21 Portraits of Children*, 16 giugno-16 luglio 1996** / June 16th–July 16th, 1996
Soweto, Uncle Tom's Site

1982
Compie con un amico un viaggio in Italia, visitando Milano, Pisa, Venezia, Firenze, Roma.
He travels to Italy with a friend and visits Milan, Pisa, Venice, Florence, and Rome.

1983
Fa un viaggio di istruzione con l'École ad Amsterdam, dove scopre gli autoritratti di Rembrandt e Van Gogh.
Through the École, Yan Pei-Ming takes a study trip to Amsterdam where he discovers Rembrandt and Van Gogh's self-portraits.

1984, ottobre / October
Conosce la compagna di studi Béatrice Coudert, che sposerà nel 1991.
He meets Béatrice Coudert, a fellow student, whom he marries in 1991.

1986, 13 giugno / June 13th
Si diploma alla École nationale supérieure des beaux arts di Digione, con menzione «per il rigore della sua lotta con la vita e la pittura».
He graduates from the École nationale supérieure des beaux arts de Dijon, praised "for his rigorous struggle with life and painting."

1987
I suoi ritratti monocromi di Mao Zedong, che combinano tradizione occidentale e riferimenti culturali cinesi, ottengono straordinario successo.
The artist's monochrome portraits of Mao Zedong, which combine western tradition and Chinese cultural references, are extraordinarily successful.

1988
Partecipa alla mostra *Atelier 88* al Musée d'art moderne de la ville de Paris.
A Parigi frequenta per un anno da ottobre l'Institut des hautes études en arts plastiques diretto da Pontus Hultén.
He takes part in the *Atelier 88* exhibition held at the Musée d'art moderne de la ville de Paris.
Beginning in October, Yan Pei-Ming attends the Institut des hautes études en arts plastiques directed by Pontus Hultén for a year.

1988, giugno-luglio / June–July
Residenza alla Villa Saint-Clair a Sète.
Residency at Villa Saint-Clair in Sète.

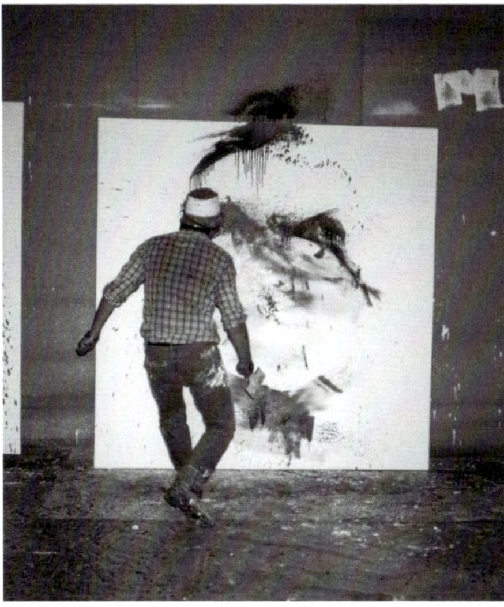
[3]

1990
Allestisce il proprio atelier a Digione. Acquisisce la nazionalità francese.
Yan Pei-Ming opens his own studio in Dijon. He becomes a French citizen.

1991, maggio-giugno / May–June
Partecipa alla mostra *Mouvements 2* al Centre Pompidou di Parigi.
He takes part in the *Mouvements 2* exhibition at the Centre Pompidou in Paris.

1991, luglio-agosto / July–August
Torna in Cina per la prima volta.
He returns to China for the first time.

1992
Realizza il primo ritratto del padre e il primo paesaggio.
He produces his first portrait of his father and his first landscape.

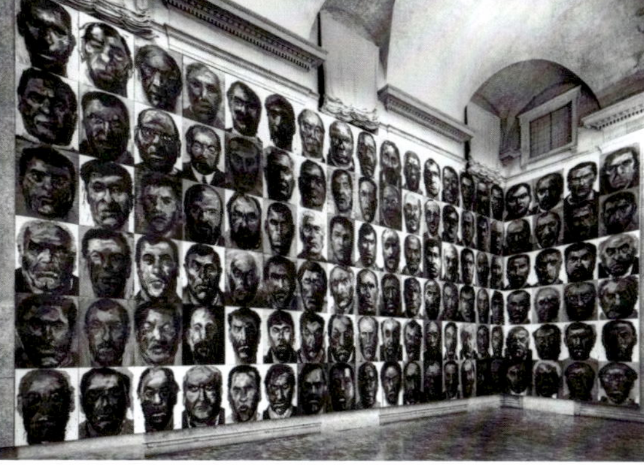
[4]

1993-1994
Con il progetto *Au bord de l'eau – 108 brigands* vince il concorso per una borsa di studio a Villa Medici a Roma.
Thanks to his project *Au bord de l'eau – 108 brigands* he is awarded a grant for a residency at Villa Medici in Rome.

1995
Partecipa alla 46. Biennale di Venezia, *Identity and Alterity: Figures of the Body, 1895-1995*.
He takes part in the 46th Venice Biennale, *Identity and Alterity: Figures of the Body, 1895–1995*.

1996, giugno-luglio / June–July
Esposizione di ritratti di bambini di Soweto alla mostra *Faces from Soweto – 21 Portraits of Children* (Uncle Tom's Site, Orlando West, Soweto, Sudafrica).
He exhibits a series of portraits of children from Soweto during the show *Faces from Soweto – 21 Portraits of Children* (Uncle Tom's Site, Orlando West, Soweto, South Africa).

1998
La galleria MASSIMODECARLO inizia a rappresentarlo nel mondo.
He joins the MASSIMODECARLO gallery, which represents him worldwide.

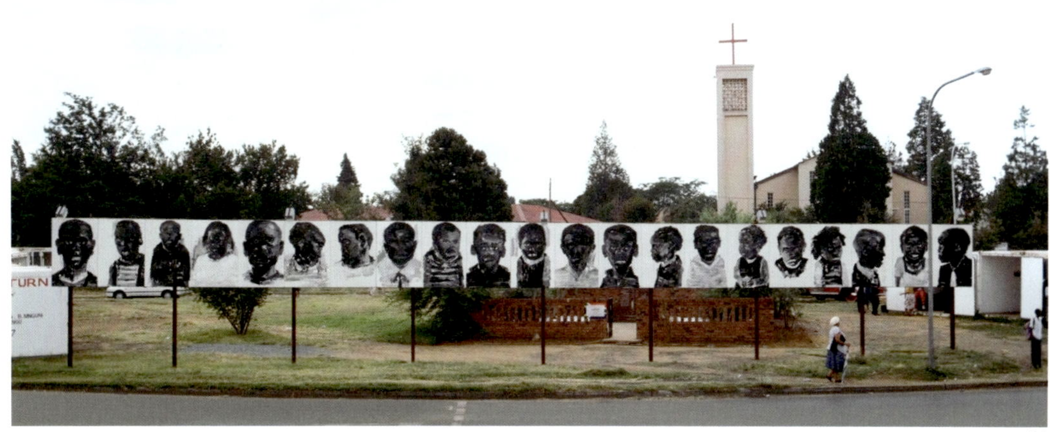
[5]

[6]
Yan Pei-Ming nel suo studio
in his studio, **2011**
Ivry-sur-Seine

2002
Apre un atelier a Ivry-sur-Seine (Parigi).
He opens a studio in Ivry-sur-Seine (Paris).

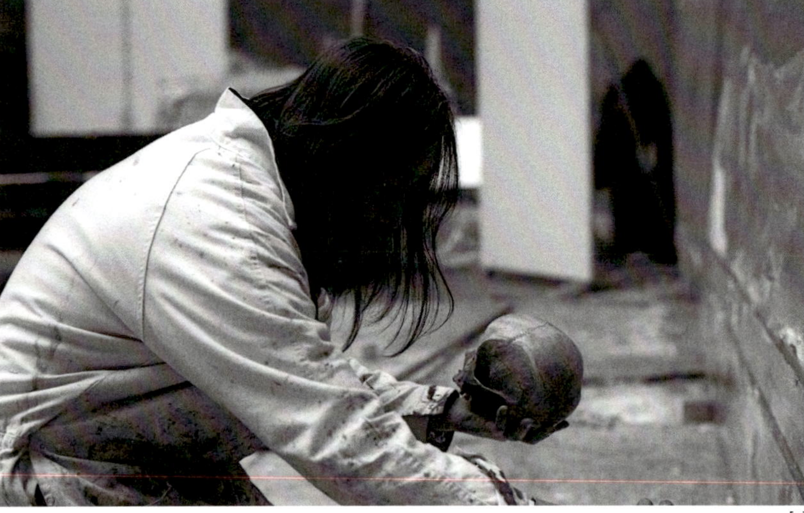

[6]

[7]
Yan Pei-Ming nel suo studio
in his studio, **2007**
Dijon

[8]
Mostra / Exhibition
***Les Funérailles de Monna Lisa*, 2009**
Paris, Musée du Louvre

[9]
François Pinault gli consegna la medaglia dell'Ordine della Legion d'onore, 24 febbraio 2009 / Awarding of the Legion of Honor by François Pinault, February 24th, 2009
Paris, Hôtel Clermont-Tonnerre

2003
La 50. Biennale di Venezia lo consacra figura di spicco della scena artistica internazionale.
His participation in the 50th Venice Biennale legitimizes him as an important figure on the international art scene.

2003, 25 ottobre / October 25th
Morte del padre Yan Zhi-Ting (1927-2003) a Parigi.
His father, Yan Zhi-Ting (1927–2003), dies in Paris.

2005, febbraio / February
La sua prima mostra personale in Cina, *Hommage à mon père*, si tiene allo Shanghai Art Museum.
He holds his first solo exhibition in China at the Shanghai Art Museum: *Hommage à mon père*.

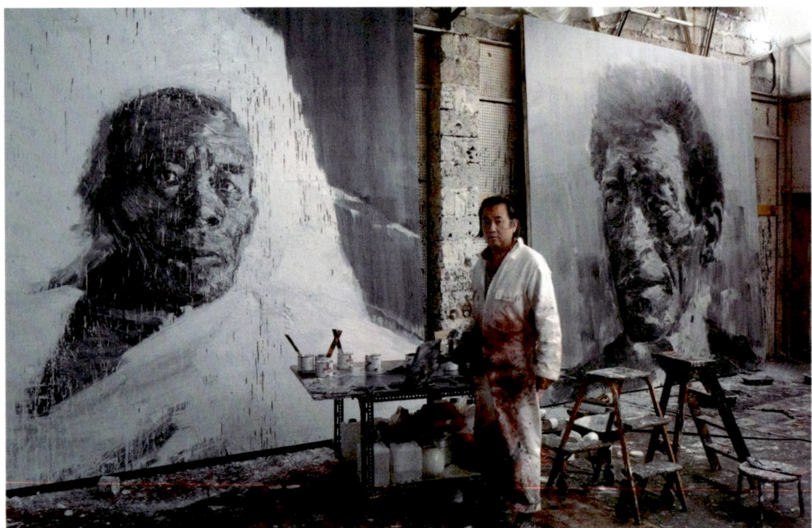

[7]

2006
Si sottopone alla TAC per ottenere l'immagine in 3D del proprio cranio.
He gets a CT scan to obtain a 3D image of his own skull.

2010
Partecipa all'Esposizione universale di Shanghai nel padiglione francese.
He is featured in the French pavilion at the World Exposition in Shanghai.

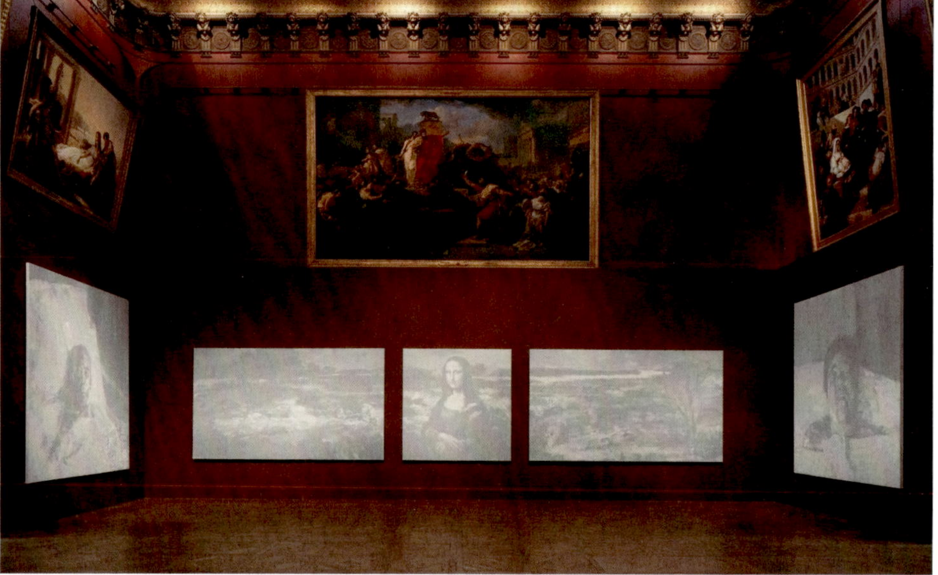

[8]

2009
Il Louvre lo invita a confrontarsi con la *Gioconda* in una serie di dipinti intitolata *Les Funérailles de Monna Lisa* (I funerali di Monna Lisa).
The Louvre invites him to measure himself with the Mona Lisa, which results in a series of paintings entitled *Les Funérailles de Monna Lisa* (The Funeral of Mona Lisa).

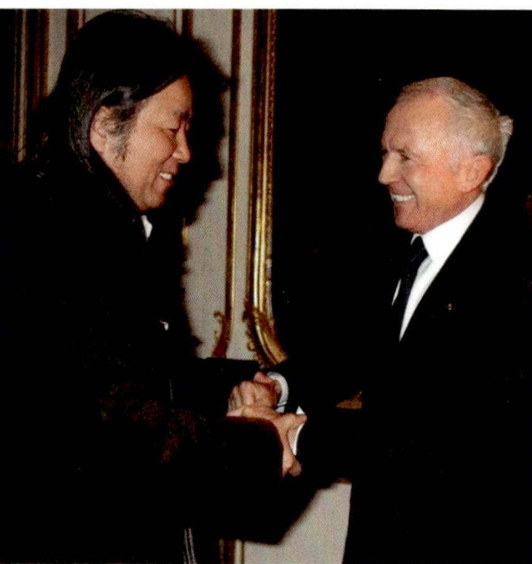

[9]

Gli viene consegnata da François Pinault la medaglia dell'Ordine della Legion d'onore (onorificenza ottenuta l'anno precedente).
François Pinault presents him with the medal of the Order of the Legion of Honor (which he had been awarded the previous year).

2013
Entra a far parte della Thaddaeus Ropac gallery.
He joins the Thaddaeus Ropac gallery.

2016
Espone a Roma in una mostra personale a Villa Medici, realizzata in occasione del 350° anniversario dell'Accademia di Francia, curata da Henri Loyrette, già borsista di Villa Medici (1975-1977), direttore del Musée d'Orsay (1994-2001) e presidente-direttore del Louvre (2001-2013).
He holds a solo exhibition at Villa Medici in Rome for the 350th anniversary of the Académie française. The exhibition is curated by Henri Loyrette, a former recipient of the Villa Medici grant (1975–77), director of the Musée d'Orsay (1994–2001), and president-director of the Louvre (2001–13).

2018, 9 luglio / July 9th
Muore a Shanghai la madre Chen Guo-mei (1934-2018), cui dedica una serie di opere.
Yan Pei-Ming's mother, Chen Guo-mei (1934–2018), dies in Shanghai and he produces a series of works in her honor.

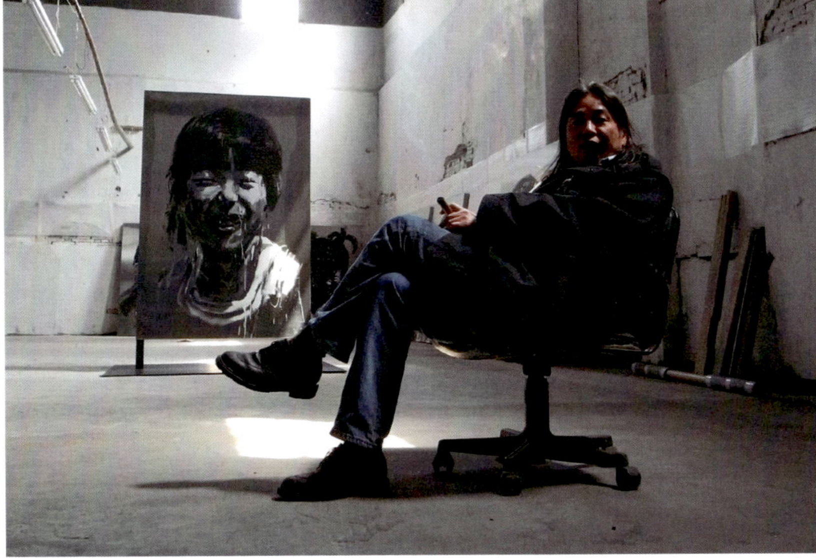

[10]

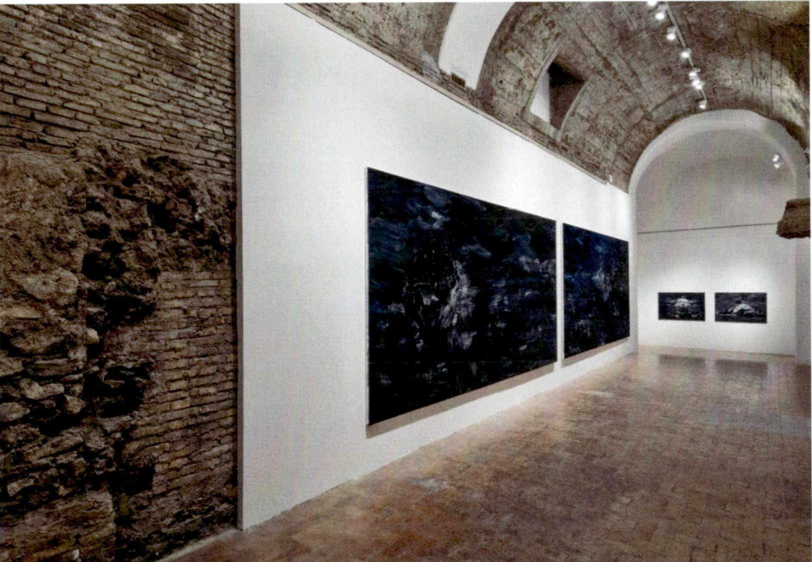

[11]

2020

Trascorre in Francia il periodo del confinamento durante la pandemia da Covid-19.
During the Covid-19 pandemic, he spends the lockdown in France.

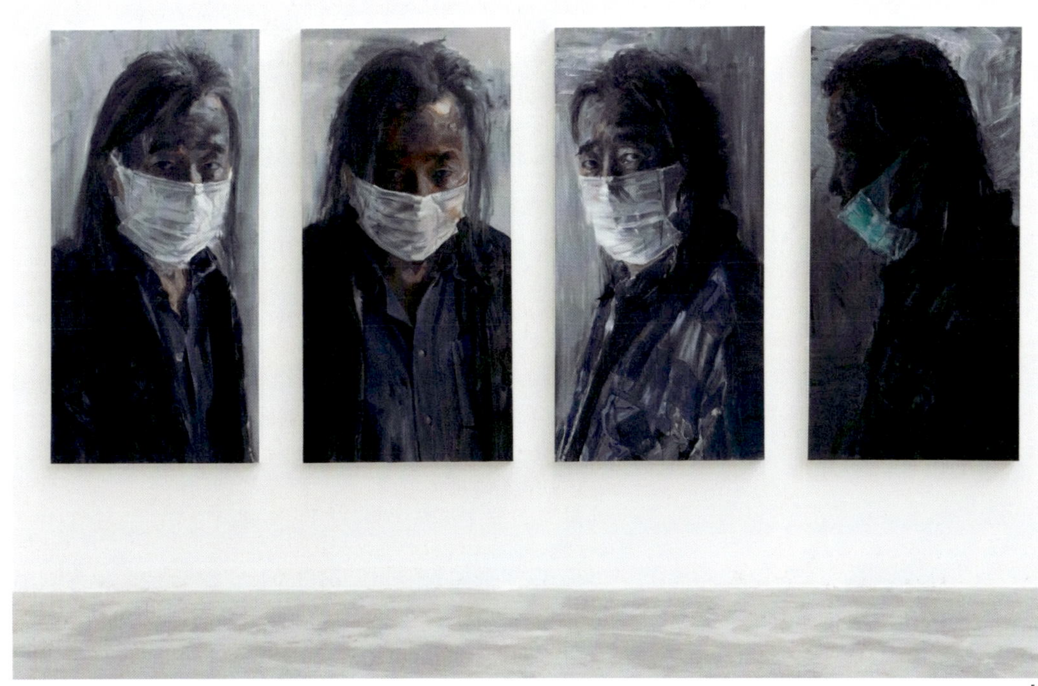

[12]

[10]
Yan Pei-Ming in uno studio
in a studio, **2010**
Shanghai

[11]
***Yan Pei-Ming Roma*, 18 marzo-19 giugno 2016**
March 18th–June 19th, 2016
Roma, Villa Medici

[12]
***Self-portrait with Mask*, 2020**
quadrittico / quadriptych,
olio su tela / oil on canvas,
cm 200 × 100 ciascuno / each

[13]
Yan Pei-Ming nel suo studio
in his studio, **2023**
Dijon

2019

Dipinge, come omaggio alla madre, il monumentale trittico *Un enterrement à Shanghai* (*Montagne céleste*, *Ma mère*, *L'adieu*) per l'omonima mostra al Musée d'Orsay di Parigi. In occasione del bicentenario della nascita di Gustave Courbet si confronta con lui in due esposizioni, allestite al Musée Courbet di Ornans e al Musée du Petit Palais di Parigi.
As a tribute to his mother, he paints the monumental triptych *Un enterrement à Shanghai* (*Montagne céleste*, *Ma mère*, *L'adieu*) shown in an exhibition by the same name held at the Musée d'Orsay in Paris.
For the bicentennial of Gustave Courbet's birth, he measures himself with the painter in two exhibitions held at the Musée Courbet in Ornans and at the Musée du Petit Palais in Paris.

2021

Espone al Palais des Papes e alla collezione Lambert ad Avignone, oltre che al Musée Unterlinden a Colmar.
He shows his work at the Palais des Papes and at the Collection Lambert in Avignon, as well as at the Musée Unterlinden in Colmar.

2023, luglio / July

Il suo *Autoportrait* è entrato a far parte della collezione degli Autoritratti delle Gallerie degli Uffizi.
His *Autoportrait* enters the collezione degli Autoritratti of the Gallerie degli Uffizi.

Vive e lavora tra Digione e Parigi.
He lives and works in Dijon and Paris.

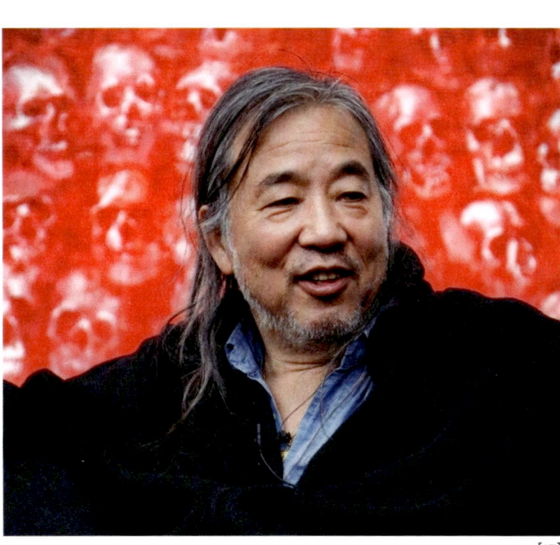

[13]

ELENCO DELLE ESPOSIZIONI
LIST OF EXHIBITIONS

MOSTRE PERSONALI
SOLO EXHIBITIONS

2023
Portraits, Francisco Carolinum Linz, Linz, Austria.

2022
L'année du tigre, MASSIMODECARLO, Pièce Unique, Parigi, Francia / Paris, France.
Wild Game, MASSIMODECARLO, Milano, Italia / Milan, Italy.

2021
Au nom du père, Musée Unterlinden, Colmar, Francia / France.
Tigres & Vautours, Collection Lambert et Grande Chapelle du Palais des Papes, Avignone, Francia / Avignon, France.

2020
Against the Light, Thaddaeus Ropac gallery, Salisburgo / Salzburg, Austria.
The Mourners, MASSIMODECARLO, Londra, Regno Unito / London, United Kingdom.

2019
L'Homme qui pleure, Musée des beaux-arts, Digione, Francia / Dijon, France.
Yan Pei-Ming face à Courbet, Musée Gustave Courbet, Ornans, Francia / France.
L'Ultimo Sorriso. Le Dernier Sourire. The Last Smile, MASSIMODECARLO, Milano, Italia / Milan, Italy.
Un enterrement à Shanghai, Musée d'Orsay, Parigi, Francia / Paris, France.
Yan Pei-Ming – Courbet, Corps-à-corps, Petit Palais, Parigi, Francia / Paris, France.

2018
Dating, Thaddaeus Ropac gallery, Parigi, Francia / Paris, France.

2017
A Short History of Power and Death, MASSIMODECARLO, Londra, Regno Unito / London, United Kingdom.

2016
Yan Pei-Ming Roma, Villa Medici, Accademia di Francia a Roma, Roma, Italia / Rome, Italy.
It Takes a Lifetime to Become Young, MASSIMODECARLO, Hong Kong.
Crucifixion, Chapelle du Palais, Belvedere Museum, Vienna, Austria.
Ruines du temps réel, Centre régional d'art contemporain Languedoc-Roussillon, Sète, Francia / France.

2015
No Comment, CAC Málaga, Malaga, Spagna / Málaga, Spain.
Aggressive Beauty, Thaddaeus Ropac gallery, Salisburgo / Salzburg, Austria.

2014
Innocent, MASSIMODECARLO, Londra, Regno Unito / London, United Kingdom.
Dead and Alive, Beijing Center for the Arts, Pechino, Cina / Beijing, China.
Night of Colours, Fondation Vincent van Gogh Arles, Arles, Francia / France.

2013
Help!, Thaddaeus Ropac gallery, Parigi, Francia / Paris, France.

2012
Black Paintings, David Zwirner, New York, Stati Uniti / United States.
Un jour parfait, Musée des beaux-arts, Chapelle de l'oratoire, Nantes, Francia / France.
Painting the History, QMA Gallery Katara, Doha, Qatar.
Fall, Winter, Spring, Summer: Landscapes, MASSIMODECARLO, Milano, Italia / Milan, Italy.

2010
Destinies, Carlson Gallery, Londra, Regno Unito / London, United Kingdom.

2009
Les Funérailles de Monna Lisa, Musée du Louvre, Parigi, Francia / Paris, France.
Yes!, San Francisco Art Institute, Walter and McBean Galleries, San Francisco, Stati Uniti / United States.
Landscape of Childhood, Ullens Center for Contemporary Art, Pechino, Cina / Beijing, China.
The Funerals of Mona Lisa, Gallery One, Emirates Palace, Abu Dhabi Art, Abu Dhabi, Emirati Arabi Uniti / United Arab Emirates.

2008
Yan Pei-Ming con Yan Pei-Ming, GAMeC, Bergamo, Italia / Italy.
Yan Pei-Ming: Life Souvenir, Des Moines Art Center, Des Moines, Iowa, Stati Uniti / United States.

2007
You maintain a sense of balance in the midst of great success, David Zwirner, New York / United States.
The Yan Pei-Ming Show, MASSIMODECARLO, Milano, Italia / Milan, Italy.
Portraits d'artistes, Fondation Maeght, Saint-Paul-de-Vence, Francia / France.

2006
Exécution, Musée d'art moderne de Saint-Étienne Métropole, Saint-Étienne, Francia / France.

2005
Hommage à mon père, Dijon-Shanghai-Guangdong, Shanghai Art Museum, Shanghai, Cina / China; Guangdong Museum of Art, Canton, Cina / Guangzhou, China.
Inside The Red Window – Confession, MASSIMODECARLO, Milano, Italia / Milan, Italy.
Anti Riot Cop, Edicola Notte, Roma, Italia / Rome, Italy.

2004
Mise à mort, Galerie Rodolphe Janssen, Bruxelles, Belgio / Belgium.
The Way of the Dragon, Galerie Anne de Villepoix, Parigi, Francia / Paris, France.
The Way of the Dragon, Kunsthalle Mannheim, Mannheim, Germania / Germany.

2003
Yan Pei-Ming, Fils du Dragon, Portraits chinois, Musée des beaux-arts, Digione, Francia / Dijon, France.
Yan Pei-Ming, Fils du Dragon, Portraits de Mao, Musée des beaux-arts et d'archéologie, Besançon, Francia / France.
Yan Pei-Ming, Fils du Dragon, Dessins intimes,

Musée d'art et d'histoire, Ginevra, Svizzera / Geneve, Switzerland.
***Yan Pei-Ming, Le Fils du Dragon, Chantier/ Funérailles*, FRAC de Champagne-Ardenne, Reims, Francia** / France.

2002
***Buddha and his warriors*, Galerie Bernier/ Eliades, Atene, Grecia** / Athens, Greece.
***Yan Pei-Ming*, Musée des beaux-arts/Villa Steinbach, Mulhouse, Francia** / France.

2001
***Chinese Vermilion – In Memory of Mao*, Galerie Max Hetzler, Berlino, Germania** / Berlin, Germany.

2000
***Tête de vertu*, MASSIMODECARLO, Milano, Italia** / Milan, Italy.
***Selfscape: Kim Sooja & Yan Pei-Ming*, Kunsthallen Brandts Klaedefabrik, Odense, Danimarca** / Denmark.

1999
***Vulnérables...*, Galerie Liliane & Michel Durand-Dessert, Parigi, Francia** / Paris, France.
***Le retable, éloge des métissages*, Panthéon, Parigi, Francia** / Paris, France.
***Opération Dragon*, Chapelle du Collège Gérôme et Musée Georges-Garret, Vesoul, Francia** / France.

1997
***La Prisonnière : détenues de la prison de Rennes et autres portraits,* Musée des beaux-arts, Rennes, Francia** / France.
***Morts & Vifs*, FRAC de Franche-Comté; Musée des beaux-arts, Dole; Musée des beaux-arts, Lons-le-Saunier, Francia** / France.
***Crossings '97: France/Hawaii*, East-West Center Gallery, Honolulu, Hawaii, Stati Uniti** / United States.

1996
***Paysage International,* Le Consortium, L'Usine, Digione, Francia** / Dijon, France.
***Faces from Soweto – 21 Portraits of Children*, Uncle Tom's Site, Orlando West, Soweto, Sudafrica** / South Africa.
***Portrait d'un inconnu*, Galerie Liliane & Michel Durand-Dessert, Parigi, Francia** / Paris, France.
***Retable, éloge du métissage – 21 portraits d'enfants de la Réunion*, Maison Serveaux, Fonds régional d'art contemporain Île de la Réunion, Saint Paul, Francia** / France.

1995
***Figures... Ancêtres... diaspora*, Musée Léon Dierx, Saint-Denis, La Réunion, Francia** / France.

1994
***Visages – Portraits*, Le Nouveau Musée, Villeurbanne, Francia** / France.

1991
***Face à face, « A partir de son histoire mon histoire commence »*, Galerie Anne de Villepoix, Parigi, Francia** / Paris, France.

1989
***La Maison de Thé*, Musée Greuze, Tournus, Francia** / France.

MOSTRE COLLETTIVE
GROUP EXHIBITIONS

2022
***Pier Paolo Pasolini. Tutto è santo. Il corpo politico,* MAXXI, Roma, Italia** / Rome, Italy.

2021
***Icons*, Boghossian Foundation, Bruxelles, Belgio** / Belgium.
***Napoléon ? Encore !*, Musée de l'Armée, Parigi, Francia** / Paris, France.
***Black and White in the Pinault Collection*, Couvent des Jacobins, Rennes, Francia** / France.
***Christian Dior: Designer of Dreams*, M7 Museum, Msheireb Downtown, Doha, Qatar.**
***STATEMENTS*, Palazzo della Ragione, Bergamo, Italia** / Italy.
***Diversity United, Contemporary Art of Europe*, Flughafen Tempelhof, Berlino, Germania** / Berlin, Germany; **New Tretyakov Gallery, Mosca** / Moscow, **Russia.**

2020
***Christian Dior: Designer of Dreams*, The Long Museum, Shanghai, Cina** / China.

2019
***MCMXXXIV*, MASSIMODECARLO, Milano, Italia** / Milan, Italy.
***Bonjour Monsieur Courbet !*, Musée Fabre, Montpellier, Francia** / France.

2018
***From Vietnam to Berlin*, Asia Culture Center, Gwangju, Corea del Sud** / South Korea.
***La collezione San Patrignano. WORK IN PROGRESS*, La Triennale di Milano, Milano, Italia** / Milan, Italy.
***Eco e Narciso. Ritratto e autoritratto nelle collezioni del MAXXI e delle Gallerie Nazionali Barberini Corsini,* Palazzo Barberini, Roma, Italia** / Rome, Italy.
***Michael Jackson: On the Wall*, National Portrait Gallery, Londra, Regno Unito** / London, United Kingdom; **Grand Palais, Parigi, Francia** / Paris, France; **Bundeskunsthalle, Bonn, Germania** / Germany; **EMMA – Espoo Museum of Modern Art, Espoon Kaupunki, Finlandia** / Finland.
***Beyond Bliss*, Bangkok Art Biennale, Alliance française, Bangkok, Thailandia** / Thailand.

2017
***Truchement*, Le Consortium, Digione, Francia** / Dijon, France.

2016
***La Collection, un choix d'œuvres chinoises*, Fondation Louis Vuitton, Parigi, Francia** / Paris, France.

2015
***China 8,* MKM Museum Küppersmühle für Moderne Kunst, Duisburg, Germania** / Germany.
***Patrice Chéreau, Un musée imaginaire*, Collection Lambert, Avignone, Francia** / Avignon, France.
***Picasso.mania*, Galeries nationales du Grand Palais, Parigi, France** / Paris. France.
***Volez, Voguez, Voyagez : Louis Vuitton*, Grand Palais, Parigi, Francia** / Paris, France; **Shanghai Exhibition Center, Shanghai, Cina** / China.

2014
***Phares*, Centre Pompidou-Metz, Metz, Francia** / France.
***Myth/History: Yuz Collection of Contemporary Art*, Yuz Museum, Shanghai, Cina** / China.
***La disparition des lucioles*, Collection Lambert, Prison Sainte-Anne, Avignone, Francia** / Avignon, France.
***Les désastres de la guerre : 1800-2014*, Le Louvre-Lens, Lens, Francia** / France.
***Art Lovers : Histoires d'art dans la collection Pinault*, Collection François Pinault, Grimaldi Forum Monaco, Monaco.**

2013
***From Gesture to Language: Trans-Forming Practices of Art Expression*, Rockbund Art Museum, Shanghai, Cina** / China.

2012
***EXTRA LARGE : œuvres monumentales de la collection du Centre Pompidou à Monaco*, Grimaldi Forum, Monaco.**
***For President*, Fondazione Sandretto Re Rebaudengo, Torino, Italia** / Turin, Italy.
***Mirages d'Orient, grenades & figues de barbarie : Chassé-croisé en Méditerranée*, Collection Lambert, Avignone, Francia** / Avignon, France.
***Electric Fields: Surrealism and Beyond – La Collection du Centre Pompidou*, Power Station of Art, Shanghai, Cina** / China.
***Through all ages*, Long Museum, Shanghai, Cina** / China.

2011
***Art works*, Deutsche Bank Towers, Francoforte, Germania** / Frankfurt, Germany.
***Big brother : l'artiste face aux tyrans*, Palais des arts et du festival, Dinard, Francia** / France.

2010
***Children of Shanghai*, World Expo 2010 Shanghai: Better City, Better Life, Pavillon France, Shanghai, Cina** / China.

2009
***Qui a peur des artistes ?*, Collection François Pinault, Palais des arts et du festival, Dinard, Francia** / France.
***Libertad, Igualdad, Fraternidad*, Centro de arte contemporáneo Huarte, Huarte, Navarra, Spagna** / Spain; **Sala Alcalá 31, Madrid, Spagna** / Spain; **La Lonja de Zaragoza, Saragozza, Spagna** / Zaragoza, Spain.

2008
***God & Goods: Spirituality and Mass Confusion*, Villa Manin, Centro d'arte contemporanea, Codroipo, Italia** / Italy.

2007
***Not only possible but also necessary: Optimism in the age of global war*, 10th International Istanbul Biennial, Istanbul, Turchia** / Turkey.

2006
***La force de l'art*, Grand Palais, Parigi, Francia** / Paris, France.
***Figures de l'acteur : le paradoxe du comédien*, Collection Lambert, Avignone, Francia** / Avignon, France.
***Lo desacogedor: escenas fantasmas en la sociedad global*, Bienal internacional de arte contemporáneo de Sevilla, Siviglia, Spagna** / Sevilla, Spain.

2005
***The Giving Person: il dono dell'artista*, Palazzo delle arti, Napoli, Italia** / Naples, Italy.

2004
***Protagonisti dell'arte 2004*, Cappella di Santa Maria de Principe, Molfetta, Italia** / Italy.
***Moi ! Autoportraits du XXème siècle*, Musée du Luxembourg, Parigi, Francia** / Paris, France.

2003
***Z.O.U. – Zone of Urgency, in Dreams and Conflicts: The Dictatorship of the Viewer*, 50. Biennale di Venezia, Arsenale, Venezia, Italia** / Venice, Italy.
***Flower power*, Lille 2004, Palais des beaux-arts, Lille, Francia** / France.
***Synopsis III – Testimonies: Between Fiction and Reality*, National Museum of Contemporary Art, Atene, Grecia** / Athens, Greece.

2002
***Babel 2002*, National Museum of Contemporary Art, Seul, Corea de Sud** / Seoul, South Korea.
***Busan Biennale 2002: Culture meets Culture*, Busan Biennale, Museum of Modern Art, Busan, Corea del Sud** / South Korea.

2001
***Towards A New Image: Twenty Years of Contemporary Chinese Painting*, National Art Museum, Pechino, Cina** / Beijing, China.
***Regards croisés : La collection du FRAC des Pays de la Loire,* Musée d'art contemporain, Montréal, Canada.**

2000
***Partage d'exotismes*, 5ème Biennale d'art contemporain de Lyon, Halle Tony Garnier, Lione, Francia** / Lyon, France.
***Visage: Painting and the Human Face in 20th Century Art*, National Museum of Modern Art, Tokyo, Giappone** / Japan; **National Museum of Modern Art, Kyoto, Giappone** / Japan.
***Shanghai Biennale 2000: Shanghai Spirit*, Shanghai Art Museum, Shanghai, Cina** / China.
***Épiphanies*, Centre d'art – Cathédrale d'Évry, Évry, Francia** / France.

1999
***Contextes différents*, Le Magasin, Centre National d'art contemporain de Grenoble, Grenoble, Francia** / France.

1998
***Between the Sky & the Earth, 5 Contemporary Chinese Artists Around the World*, University of Hong Kong, Art Gallery, Hong Kong.**
***L'œil et l'esprit : exposition d'Art Contemporain français*, Museum of Modern Art, Wakayama, Iwaki City Art Museum, Iwaki, Museum of Modern Art of Gunma, Takasaki, Giappone** / Japan.
***Weather Everything,* Galerie für zeitgenössische Kunst, Lipsia, Germania** / Leipzig, Germany.

1997
***L'Autre*, 4ème Biennale d'art contemporain de Lyon, Halle Tony Garnier, Lione, Francia** / Lyon, France.
***In Between Limits*, Sonje Museum of Contemporary Art, Kyongju, Corea del Sud** / South Korea.

1995
***Identity and Alterity: Figures of the Body 1895/1995*, 46. Biennale di Venezia, Venezia, Italia** / Venice, Italy.
***Unser Jahrhundert: Menschenbilder – Bilderwelten*, Museum Ludwig, Colonia, Germania** / Cologne, Germany.
***Passions privées : Collections particulières d'Art Moderne et Contemporain en France*, Musée d'art moderne de la Ville de Paris, Parigi, Francia** / Paris, France.

1994
***Out of the Center: Chinese Contemporary Art*, Porin Taidemuseo, Pori, Finlandia** / Finland.
***Villa(s) 5*, Villa Medici, Accademia di Francia a Roma, Roma, Italia** / Rome, Italy.

1993
***China Avant-Garde*, Haus der Kulturen der Welt, Berlino, Germania** / Berlin, Germany.

1991
***Mouvements 2*, Centre Pompidou, Parigi, Francia** / Paris, France.
***Rhizome*, Haags Gemeentemuseum, L'Aia, Paesi Bassi** / The Hague, Netherlands.

1990
***Chine demain pour hier : Rencontres d'Art Chinois d'Avant-Garde*, Pourrières, Francia** / France.
***Septièmes Ateliers Internationaux des Pays de la Loire*, FRAC des Pays de la Loire, Garenne-Lemot, Clisson, Francia** / France.

1988
***Atelier 88*, ARC, Musée d'art moderne de la Ville de Paris, Parigi, Francia** / Paris, France.
***Yan Pei-Ming, Jean-Michel Othoniel, Philippe Perrin*, Villa Saint-Clair, Sète, Francia** / France.

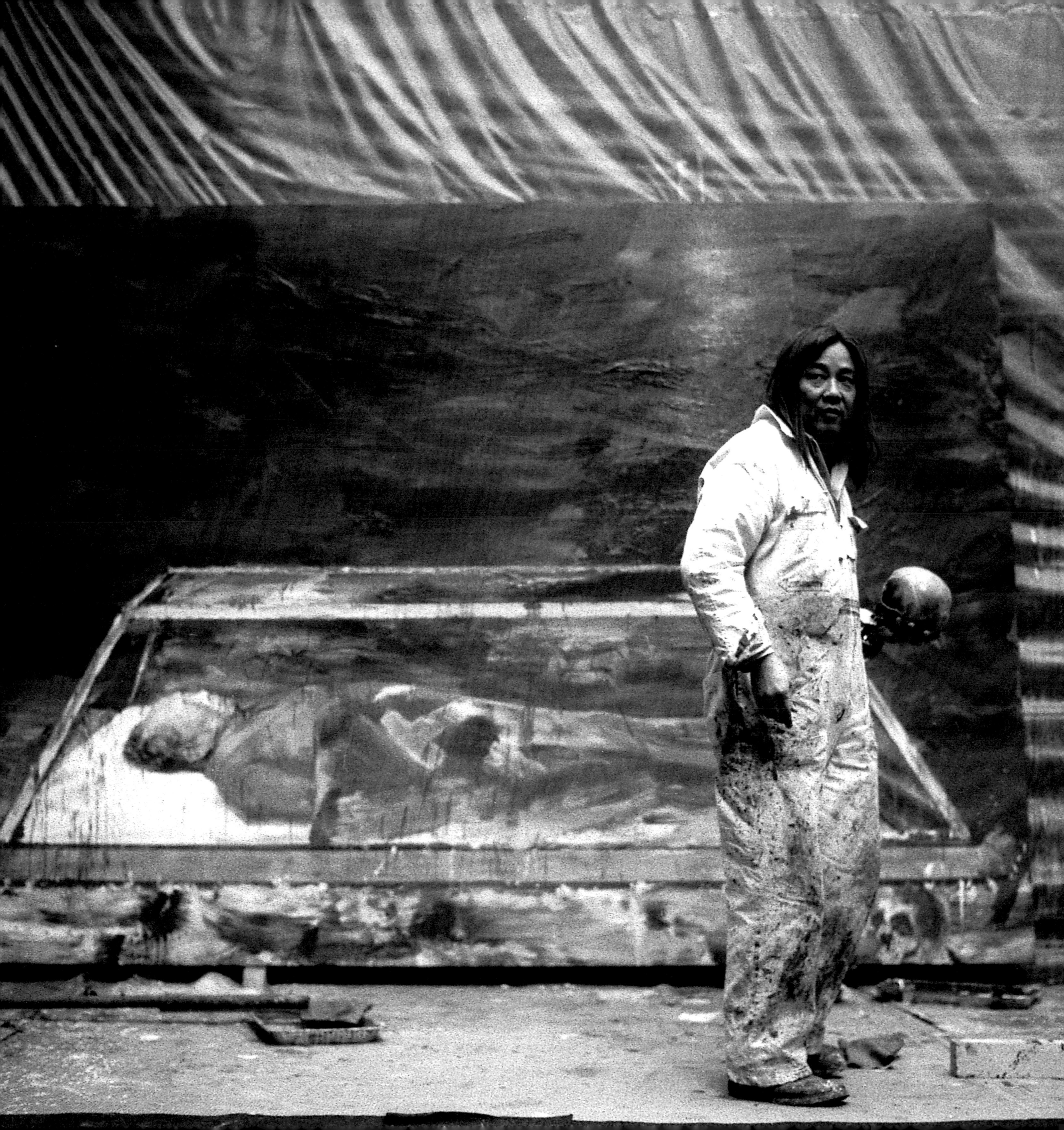

Crediti fotografici / *Photo credits*
Claudio Abate © Claudio Abate, Roma © Yan Pei-Ming, ADAGP, Paris, 2023: p. 103 basso sinistra / lower left.
© Album/Scala, Firenze, 2023: pp. 11, 13.
Foto ANSA: Napolitano, Archivio Agenzia Patrimonio Unico: p. 33.
Bridgeman Images: p. 8.
Atelier Yan Pei-Ming, Shanghai. © Yan Pei-Ming, ADAGP, Paris, 2023: p. 103 alto sinistra / upper left.
Stef Bloch: pp. 18, 22, 25, 39, 103 basso destra / lower right.
Marie Clérin © Yan Pei-Ming, ADAGP, Paris, 2023: p. 102 basso destra / lower right.
Clérin-Morin © Yan Pei-Ming, ADAGP, Paris, 2023: pp. 21, 48, 49, 59, 72-76, 77, 81-83, 86, 87, 94-97, 100 destra, 103 alto destra / upper right.
Massimo Dallaglio/Alamy Stock Photo: p. 32.
© The Estate of Francis Bacon. All rights reserved, by SIAE 2023: p. 11.
Didier Gicquel © Didier Gicquel, Paris, 2023: p. 102 alto sinistra / upper left, **107.**
Jacques Kuyten © Jacques Kuyten © Yan Pei-Ming, ADAGP, Paris, 2023: p. 101 basso destra / lower right.
Riccardo Lami: p. 26.
© Photo MNP/Scala, Firenze, 2023: p. 14.
Mondadori Portfolio/Courtesy Everett Collection: p. 24.
André Morin © Yan Pei-Ming, ADAGP, Paris, 2023: pp. 6, 28, 29, 36, 37, 40, 43-45, 47, 51-57, 60-65, 67-71, 79, 85, 89-91, 93, 98, 100 sinistra / left, **101 sinistra e alto destra** / left and upper right, **102 alto destra** / upper right.
André Morin © Yan Pei-Ming. Courtesy Louvre Abu Dhabi Museum, 2023: p. 102 basso sinistra e alto destra / lower left and upper right.
© Foto Scala, Firenze, 2023: p. 15.
© Tallandier/Bridgeman Images: p. 12.
Alessandro Zambianchi © Yan Pei-Ming, ADAGP, Paris, 2023: p. 80.

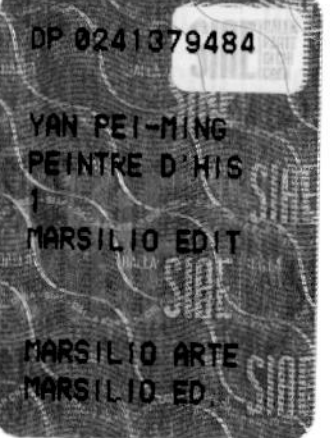

Copertina / *Cover*
***Les Funérailles de Monna Lisa*, 2009**
particolare / detail
Collezione privata / Private collection

p. 6
Yan Pei-Ming nel suo studio / in his studio,
2003
Dijon

p. 40
***Napoleon, Crowning Himself Emperor – Purple*, 2017**
particolare / detail
Collezione privata / Private collection

p. 98
Yan Pei-Ming nel suo studio / in his studio,
2006
Ivry-sur-Seine

p. 107
Yan Pei-Ming nel suo studio / in his studio,
2011
Ivry-sur-Seine

Progetto grafico e impaginazione / *Graphic design*
Carmen Malafronte

Redazione / *Copy editing*
Luca Iacovone, Sara Clamor
polía editoriale

Traduzioni / *Translations*
Cristina Popple

***Prima edizione* luglio 2023**
First edition July 2023

ISBN 979-12-5463-115-7
www.marsilioeditori.it

Available through ARTBOOK | D.A.P.
75 Broad Street, Suite 630 New York, NY 10004
www.artbook.com

Fotolito e stampa / *Reproduction and printing*
Grafiche Antiga S.p.A.,
Crocetta del Montello (TV)

per conto di / *for*
Marsilio Editori® S.p.A.,
Venezia / Venice

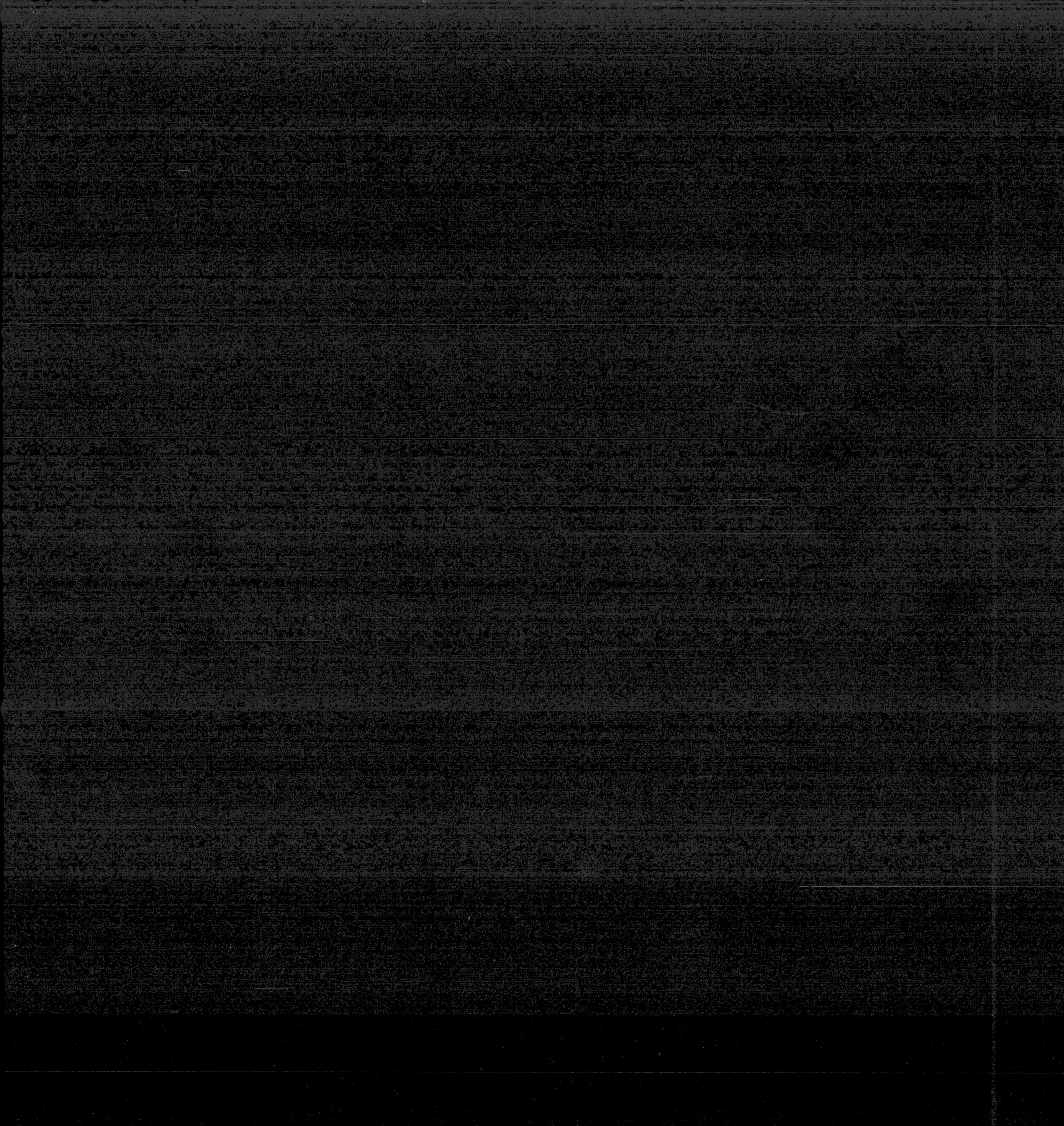